AF453434

QUEL EST

LE PLUS GRAND SIÈCLE ?

PAR

LE P. MARIN DE BOYLESVE

DE LA COMPAGNIE DE JÉSUS.

Religio, Patria.

CHATELLERAULT

IMPRIMERIE BICHON FRÈRES

RUE BOURBON ET PLACE LOUIS XVIII.

1870

REGI SÆCULORUM IMMORTALI.

QUEL EST

LE PLUS GRAND SIÈCLE ?

ALEXANDRE ET LES GRECS.

Depuis la bataille de Marathon, 490 ans avant J.-C., jusqu'à
la bataille d'Arbelles, 331 ans avant J.-C. — Cette période
comprend 159 ans.

Le plus grand siècle est celui qui a vu passer les
plus grands personnages ; les plus grands personnages sont ceux qui ont concouru aux plus grands
événements ; les plus grands événements sont ceux
qui ont le plus influé sur le sort du monde, qui
ont le plus contribué au bonheur de l'homme, à sa
perfection intellectuelle et morale, individuelle et
sociale, physique même, mais surtout religieuse.
A ces divers points de vue, la première époque qui,
selon l'ordre des temps, se présente pour disputer
la palme, est celle qui s'ouvre par la lutte entre
les Grecs et les Perses, et qui se termine par la conclusion de cette longue et formidable rivalité. Cette
période, depuis la bataille de Marathon, en 490

avant J.-C. jusqu'à la bataille d'Arbelles, en 331, comprend cent cinquante-neuf ans.

Le plus puissant empire qui alors fût au monde, se voit enfin arrêté par un petit peuple, ou plutôt par deux cités : Athènes et Sparte. C'est le grain de sable qui dit au flot de la tempête : « Tu n'iras pas plus loin. » C'est la liberté qui se dresse en face du despotisme. De cet effort, naissent des prodiges en tout genre. D'abord, le dévouement des défenseurs de la Grèce monte jusqu'à l'héroïsme, et l'art de la guerre devient le génie de la victoire.

Xerxès rencontre aux Thermopyles une poignée de Grecs. Il les somme de livrer leurs armes. — « Viens les prendre, » répond Léonidas. Trois cents Spartiates se rangent autour du héros. Ils mourront pour la liberté commune ; mais pas un ne rendra les armes. — Au même temps, une ville entière, Athènes, à la voix de Thémistocle, se sacrifiait pour le salut universel.

De Miltiade à Alexandre, les Grecs seront les premiers guerriers du monde. Il est vrai qu'ils sont toujours sur le champ de bataille : lutte contre l'Asie, lutte entre Sparte et Athènes, lutte entre Sparte et Thèbes, lutte contre la Macédoine, lutte enfin de la Grèce entière, réunie sous le drapeau d'Alexandre, contre celui qu'alors, en Grèce même, on appelle par excellence le roi.

Jusqu'à Marathon, les Grecs n'ont pas d'histoire ; depuis la mort d'Alexandre, ils n'ont que deux grands hommes, Aratus et Philopémen : encore deux guerriers combattant pour la liberté de leur patrie. Mais durant la période des grandes luttes, à ce moment où le repos est impossible, les grands hommes et les chefs-d'œuvre se multiplient dans tous les genres. Serait-ce que la guerre est la condition de la grandeur ? La guerre, en effet, développe le génie et le caractère. L'opposition, la difficulté, la nécessité enfin de vaincre, ou de perdre la vie ou la liberté, élève la pensée, exalte le sentiment, enfante les hauts faits. Or il n'est rien comme les belles actions pour inspirer les arts, et les arts appellent l'idée.

Déjà un premier élan de la Grèce avait inspiré l'*Iliade* ; Achille avait créé Homère. Le héros avait précédé le poëte. La guerre a produit l'épopée, elle produira le drame. Après avoir concouru, comme soldat, au triomphe des Athéniens sur les Perses, Eschyle éternisera sur le théâtre la victoire qui assura la liberté de sa patrie.

La musique n'atteint le sublime que lorsqu'elle chante Dieu ou les héros. La lutte ramène à Dieu. Elle nous fait sentir notre faiblesse, elle nous fait prier ; et lorsque après la prière, le succès récompense nos efforts, un double sentiment s'empare de notre âme : reconnaissance envers Dieu qui nous a fait vaincre ; admiration à la vue de cette toute-puissance, qui jamais ne se manifeste avec plus d'éclat que dans le triomphe de la faiblesse sur la force, et de l'intelligence sur la matière. Or il n'est rien au-dessus de la musique religieuse, soit qu'elle prie, soit qu'elle remercie, soit qu'elle célèbre le Dieu qui fait les héros, qui les inspire, qui les soutient, qui les couronne.

Les chefs-d'œuvre de la peinture et de la sculpture n'ont pas d'autre origine. Qu'admirez-vous dans le Jupiter de Phidias, si ce n'est le sourcil qui, au moment d'une lutte solennelle, ébranla le monde ? Qu'est-ce qui vous étonne dans l'Apollon du Belvédère, sinon le triomphe calme et sûr après la lutte ?

A son tour, l'architecture ne devient un art que lorsqu'elle exprime la lutte ou la victoire. Les châteaux sont des forteresses, de petits camps, *castella*; les palais sont des citadelles; les temples rappellent et représentent les triomphes de Dieu, chez les païens par les héros; chez les chrétiens par les Saints.

Hérodote, Thucydide, Xénophon ne saisissent le burin de l'histoire que pour éterniser le souvenir des hauts faits inspirés par la lutte; et c'est encore la lutte que, à la suite d'Eschyle, les Sophocle et les Euripide représentent dans leurs drames. Pindare n'aurait pas l'accent de l'enthousiasme, s'il ne chantait pas les vainqueurs. Démosthène ne serait pas devenu le type de l'orateur, si sa parole n'eût été un combat pour l'honneur et pour la liberté d'Athènes et de la Grèce entière.

N'oublions pas que, aux grands historiens, aux grands poëtes, aux grands artistes, aux grands orateurs, correspondent les Miltiade, les Léonidas, les Thémistocle et les Aristide, les Cimon et les Périclès, les Lysandre, les Épaminondas et les Pélopidas, les Agésilas, les Philippe et les Alexandre : noms immortels, parce qu'ils rappellent l'effort combiné de l'intelligence et de la volonté pour accomplir un grand dessein, en dépit des plus terribles obstacles.

Cependant une bataille plus sérieuse encore s'est engagée dans une sphère supérieure à celle du glaive et à celle des arts. Tandis que de fiers despotes menacent la liberté, les sophistes menacent la raison. Trois libérateurs se lèvent tour à tour contre les tyrans de l'intelligence, et un grand combat se livre dans les régions de l'idée.

Socrate y jouera le rôle de Léonidas; Platon y règnera comme un Périclès; Aristote, disciple de Platon et maître d'Alexandre, sera aussi l'Alexandre de la philosophie.

Après Alexandre, l'empire politique se divise en quatre monarchies principales. Après Socrate, Platon et Aristote, l'empire philosophique se fractionne en quatre grandes écoles : l'Académie, qui prétend continuer Platon ; le Lycée, qui suit Aristote ; le Portique, qui arbore l'étendard de la vertu sous la conduite du trop austère Zénon ; l'Épicuréïsme, qui tire son nom du voluptueux Épicure. Du choc de ces quatre écoles naît le scepticisme de Pyrrhon, qui correspond à la décadence politique des Grecs.

La période de la grandeur hellénique se termine donc, dans tous les sens, avec le prince de la parole, Démosthène ; avec le prince de la philosophie, Aristote ; avec le prince de la guerre, Alexandre.

Rien ne manque à la gloire de cette époque. Dans la sphère de l'action, la lutte pour la liberté a produit les héros, les poëtes, les artistes, les historiens, les orateurs. Dans la sphère de l'idée, la lutte pour la vérité a produit les philosophes et ces hautes leçons de sagesse et de vertu individuelle et sociale, que nous ont laissées un Xénophon dans sa *Cyropédie* et dans ses *Mémorables*, un Platon dans ses sublimes *Dialogues* et surtout dans celui où il retrace l'idéal du gouvernement de l'âme et de la cité, un Aristote enfin, dans ses traités si profonds et si sages sur la logique, sur l'âme, sur les choses physiques, sur les vérités métaphysiques, sur la morale et sur la politique.

La Grèce n'est qu'un coin de terre. Et ce peuple, si petit par le nombre, s'est imposé par le génie à tous les peuples, à tous les pays, à tous les siècles; et ce petit peuple, par son courage, a sauvé le monde. S'il n'eût arrêté Xerxès, l'Europe entière devenait la proie du despotisme oriental. Au point de vue social, il a donc sauvé la liberté; au point de vue intellectuel, il a sauvé la raison. Et ici le génie grec règne encore. Modèle dans tous les genres de poésie, modèle dans le genre oratoire, modèle dans le genre historique, il gouverne dans les régions de l'art, tandis que, dans les sphères de la philosophie, Socrate, Platon et Aristote se partagent l'empire.

A la vue de la concentration de toutes les gloires dans cette époque, et si spécialement en cette nation, on s'étonne et l'on cherche la raison d'un privilége aussi merveilleux. Remontons plus haut. Les Grecs eurent une mission divine. Ils devaient, par la fusion de l'Europe avec l'Asie, préparer une autre unité d'un ordre bien supérieur; et, par l'influence de leur génie et la diffusion de leur belle langue, ils devaient faciliter la propagation de la vérité divine et en préparer le règne. Annoncé par Daniel, cet Alexandre, qui résume si admirablement son époque et son peuple, fut, sans le savoir, un avant-coureur du Roi des rois.

Du reste, la gloire à cette époque n'est pas tellement le monopole des Grecs, qu'il ne se passe rien de grand en dehors de leur influence. Alors et ailleurs, un mouvement solennel se prépare.

Le peuple de Dieu entre dans un silence précurseur du grand fait qui doit régénérer le monde. Les prophètes se taisent au moment où les vrais philosophes vont parler. Dieu veut que le génie humain fasse ses preuves et ses essais, et que, par sa puissance et par son impuissance à la fois, il démontre et la gratuité et la nécessité de la révélation. La gratuité : s'il reste à l'homme assez de raison pour reconnaître la loi morale, Dieu n'était pas tenu de la lui révéler. La nécessité : si les plus hautes intelligences ont mêlé à leurs plus beaux aperçus de si étranges erreurs, la révélation est moralement nécessaire au genre humain, pour le mener à la perfection et au bonheur.

Avec Esdras, l'histoire du peuple de Dieu se tait pour un temps; c'est à ce moment que le Grec Hérodote commence l'histoire des autres peuples qui, à leur insu, sont appelés à préparer le règne du Sauveur qu'Israël va donner au monde.

Au même temps, la cité qui un jour remplacera Jérusalem commence à prendre conscience de sa mission. Rome a son siége de Troie dans Véïes, sa puissante rivale, et son Achille dans ce Camille qu'elle contraint au repos par un injuste exil, mais qui, domptant une trop juste colère, sauvera sa patrie au moment où nos pères, après la victoire de l'Allia, campaient autour du Capitole.

Car, par une singulière coïncidence, et comme s'il fallait que toutes les grandeurs futures se laissassent entrevoir à cette époque, c'est alors que cette Gaule, qui plus tard devait remplir une mission si grande, commence à se révéler, mais avec un éclat dont la Grèce et Rome ne perdront pas la mémoire. Deux essaims de Gaulois font trembler en même temps les deux peuples qui, tour à tour, vont dominer le monde. Ainsi, cette glorieuse période est, pour celles qui suivront, ce que le principe est aux conséquences. Elle les renferme et les domine. Les siècles qui vont se dérouler ne feront que confirmer la supériorité de l'époque des Socrate et des Alexandre le Grand.

CÉSAR ET PIERRE.

Depuis la bataille de Pharsale, 48 ans avant J.-C. jusqu'au martyre de saint Pierre, 67 ans après J.-C. — Cette période comprend 115 ans.

On dit le siècle d'Auguste. Ce prince ne fut pas le grand homme de cette époque. Il fallait dire le siècle de César, auprès duquel Auguste n'est qu'un pygmée. Auguste fut un politique, rien de plus. Il fut surtout comédien. Il n'eut de grand que l'ingratitude envers Cicéron, sans lequel, peut-être, il ne fût point parvenu. Mais laissons César et Auguste. Le grand personnage de cette période n'est pas un simple mortel, c'est le Dieu-Homme, c'est Jésus-Christ. Un seul fait remplit cet instant solennel. Le dernier des quatre grands empires annoncés par Daniel atteint son apogée, et ce n'est que pour faire place à l'empire universel du Roi des rois et pour lui servir d'escabeau.

Reprenons les faits. Depuis assez longtemps déjà, la liberté a disparu des pays civilisés, en Orient sous la pesante main des rois, en Occident sous la main plus rude encore et plus absolue des citoyens de la Grèce ou de Rome. La majorité du genre humain est esclave de la minorité. La liberté romaine, à son tour, succombe à Pharsale ; et après une dernière convulsion dans les plaines de Philippes, elle fait place à la centralisation militaire dans la main plus habile que forte de l'heureux vainqueur d'Actium. C'est que depuis longtemps le dévoûment patriotique des Cincinnatus et des Camille, des Papirius et des Régulus, des Fabius et des Marcellus, des Paul-Émile et des Scipion a été remplacé par l'égoïste ambition des Gracques, des Marius et des Sylla. La ville et les provinces ont supporté un Catilina, un Verrès, un Clodius. La liberté n'est plus ; la licence peut tout oser. L'honnête Cicéron et l'austère Caton tiennent encore pour l'ancienne république. Mais la main presque impériale de Pompée est si légère que les deux républicains songent à peine à murmurer.

Tour à tour les trois ordres ont régné : le peuple par Marius, le patriciat par Sylla, l'ordre équestre par Pompée. Les chevaliers romains n'ont de commun avec les chevaliers français que le nom. Ceux-ci se constituaient défenseurs du faible et combattaient pour l'honneur ; ceux-là trafiquaient. On vante la toute-puissance de l'or. On a dit : l'aristocratie d'argent. C'est une erreur. Il n'existe dans les États que deux puissances : la noblesse, le peuple. La noblesse comprend tous les hommes supérieurs par l'intelligence et par le caractère. Il ne s'agit pas ici des nobles dégénérés : ceux-là ne comptent pas, pas plus que le déserteur dans l'armée, pas plus que l'apostat dans la religion. Le peuple comprend le nombre, et laissé à lui-même il représente le bon sens. Or en ce temps-là il se trouva un Romain qui reconnut cette double puissance et qui entreprit de résumer Sylla et Marius. Né patricien, il se fit plébéien. Pour lui il n'y eut plus ni peuple ni sénat. Cet homme d'ailleurs réunissait tous les traits de la grandeur, un seul excepté : la vertu. En lui l'intelligence et la volonté se répondaient. Génie complet, il fut orateur et guerrier, historien et politique. Agissant autant par inspiration que par calcul, rapide comme l'éclair et patient à toute épreuve, d'une audace qu'aucun obstacle ne déconcerte, d'une constance qu'aucun revers ne décourage, généreux, magnanime, le plus grand des Romains, s'il n'eût été le plus ambitieux, voilà pour l'homme public, et le plus dissolu, voilà pour l'homme privé, César eût préféré être le premier dans un hameau des Pyrénées que le second à Rome.

Deux hommes seulement peuvent l'empêcher d'y être le premier : le brillant Pompée et le riche Crassus. César se fait un instrument de la puissance de l'un et de l'opulence de l'autre. Il lui faut un nom, une armée, un parti. Dix ans d'une guerre injuste lui donneront tout cela. La Gaule sera son Champ-de-Mars. Sans se presser, il permet à son rival de multiplier les fautes et les torts, et il le force de lui offrir un prétexte de passer le Rubicon. Pharsale le rendit roi de fait. Il eut l'imprudence de vouloir unir le nom à la chose. Rome n'était pas digne, pas capable de recevoir un roi : pour gouverner un peuple devenu esclave il faut un général.

Un assassinat lâche, ingrat, inutile, acheva la république. Le fils adoptif de César n'eut pas besoin d'être un héros; il lui suffit d'être habile. Octave ne se dit point roi; il ne le fut pas. Mais il fut tout : prince du sénat, tribun du peuple, consul, souverain pontife, général victorieux enfin ou *imperator*, c'est à dire commandant. Le roi dirige et gouverne (*rex à regendo*). On ne gouverne que des êtres libres et agissant par eux-mêmes. Le général, l'*imperator*, commande; il lui faut, non des guerriers qui s'enrôlent, qui se dévouent, qui s'engagent librement et qui servent pour l'honneur; mais des hommes enrôlés, gagés, payés, soldés, en un mot des soldats.

Pour former le piédestal du grand Romain (c'est César que je veux dire), tous les genres de force et de grandeur s'étaient superposés, puis réunis,

Ce fut d'abord la gloire militaire. Que Rome lutte au dehors, ou qu'elle se déchire au dedans, ses guerriers sont toujours grands; ils ne peuvent généralement être vaincus que les uns par les autres.

De l'école des Scipion sont sortis les Métellus, les Marius, les Sylla, les Sertorius, les Lucullus, les Pompée; mais César les efface tous.

La parole, cette autre puissance qui depuis cinq siècles gouverne Rome, atteint son plus haut degré sur les lèvres de Cicéron. César aurait pu être son rival; mais César agissait plus qu'il ne parlait.

Auguste recueillit toutes ces gloires, et ce fut pour leur préparer un tombeau. Il ferma le temple de Janus et seul il gouverna. Le glaive rentra dans l'ombre et la parole dans le silence. L'histoire et la poésie profitèrent de ce repos, l'une pour raconter les grandeurs du passé, l'autre pour les chanter.

Déjà Salluste, en flétrissant deux scélérats, avait flétri la Rome de son temps, Rome qu'un Jugurtha se chargeait d'acheter avec de l'or, Rome qui avait fourni des complices à un Catilina. Et quels complices! On sait que Catilina fut défendu par César.

Cornélius avait appris aux Romains qu'il y eut ailleurs d'autres hommes forts et grands. Quinte-Curce leur fit connaître cet Alexandre dont aucun

Romain ne dépassa le génie et le courage, pas même César. Celui-ci n'aura d'autre historien que lui-même. Par de simples mémoires il sera le Xénophon latin. Tite-Live, écrivant sous Auguste, raconta la grandeur de l'ancienne Rome et d'une république qui n'était plus.

L'histoire du peuple romain est finie. Ce peuple, selon le vœu d'un de ses tyrans, n'a plus qu'une tête : cette tête se nomme César. Les Césars absorbent tout. Très-peu rappelleront le génie du premier ; beaucoup dépasseront ses infamies. Deux historiens suffiront à l'empire : l'un, l'indifférent Suétone, pour en exposer les ignominies ; l'autre, Tacite, pour les flétrir. Mais ni l'un ni l'autre n'appartiennent à cette époque.

Virgile cependant surpassait Théocrite, et s'efforçait d'atteindre Homère. Mais quand le temple de Janus est fermé, la poésie est trop calme. Horace balance entre Epicure et le Portique : il suit de loin Pindare, il rappelle plus souvent Anacréon. Plaute et Térence avaient rivalisé avec Aristophane et Ménandre, Phèdre imitait Esope sans le copier. Catulle, Tibulle, Properce, Ovide, Martial, Juvénal et Perse grossissent le cortége.

La philosophie est représentée, au début de cette époque, par Cicéron, à la fin par Sénèque. Mais le premier ne pense pas par lui-même. Il n'est que l'écho harmonieux de la sagesse des Grecs. Le dernier se borne à la morale. Ni l'un ni l'autre n'élèvent un édifice doctrinal.

Le génie grec a imposé au monde ses idées aussi bien que ses modèles. La philosophie oscillera toujours entre le sublime et hardi Platon et le profond et sage Aristote.

Rome, née pour commander, imposera sa loi, son droit, son code. La loi romaine sera la loi du monde. *Tu regere imperio populos, Romane, memento.* Les Assyriens, les Perses, les Grecs subjuguaient les peuples; ils ne les transformaient pas en Assyriens, en Perses, en Grecs. Rome ne souffre que des Romains. Elle ne connaît pas d'autre droit, elle ne veut pas d'autre monde, que le droit romain et le monde romain.

On pourrait ici s'arrêter et conclure. Le plus grand et le plus fort des empires qui ait paru dans l'univers atteint, à cette époque, son apogée. C'est plus qu'il ne faut pour acclamer le grand siècle.

Mais voici qui est plus grand que Rome et que César. Un enfant naît dans une étable; il grandit dans l'atelier d'un pauvre artisan. Et puis un jour, il se donne, devant le grand-prêtre, devant Caïphe, pour le Messie, le Sauveur et le Christ, Fils du Dieu vivant; devant le lieutenant de César, devant Pilate, pour le Roi : *Tu dicis quia Rex sum ego.*

Caïphe le déclare digne de mort; le peuple crie : A
la croix ! Pilate le livre à la merci du peuple et
des pontifes. Cloué à une croix, le Roi-Libérateur
périt de la mort de l'esclave.

On raconte, il est vrai, que, trois jours après, le
Crucifié ressuscita; que, quarante jours plus tard,
il monta au cieux en présence d'un public nom-
breux, mais choisi; que dix jours après ce dernier
événement, l'Esprit-Saint manifesta par un signe
visible et prodigieux sa présence et son action sur
les disciples du personnage étonnant dont on dit
tant de merveilles. Mais le moyen de persuader au
monde des choses aussi surprenantes!... Le moyen
est plus surprenant encore que ces choses mêmes,
tout incroyables qu'elles sont.

Un pêcheur de la Galilée se rend à Rome; il y
annonce que Jésus le crucifié est le Christ, le Roi
des Juifs et des nations. A son tour il est crucifié.
Voilà le fait; et le fait aussi est que cette mort fixe
à Rome le siége de l'empire de Celui dont le berceau fut une crèche et le lit funèbre une croix.

Le monde s'est épuisé pour produire Rome;
Rome s'est épuisée pour produire César. César devient le nom propre de la force humaine élevée à
sa plus haute puissance. Et César, cette haute puissance, la plus haute qui soit au monde, va s'éclipser
devant un simple pêcheur, nommé Pierre. Et Pierre

devient le nom propre d'une force et d'une grandeur devant laquelle toute autre force et toute autre grandeur s'incline ou disparaît.

Il n'est pas dans l'histoire un événement pareil. Il n'est pas de siècle qui ait produit deux puissances comme César et comme Pierre.

Or, au-dessus de César et de Pierre, je vois le Sauveur, le Libérateur et le Maître, le Roi et le Prêtre, le Christ Jésus.

Sans le savoir, César lui préparait l'escabeau; — le sachant, Pierre lui soumet les nations.

D'ailleurs que sont les conquêtes de César, l'éloquence et la philosophie de Cicéron, l'histoire de Rome, la poésie de Virgile, auprès des quatre Evangiles, de l'Apocalypse de saint Jean, des épîtres, des discours et des conquêtes d'un saint Paul.

L'Enfant de Bethléem, le Crucifié du Calvaire domine tout. L'ange l'avait annoncé à la Vierge Immaculée qui seule déjà suffirait pour élever cette époque au sommet de la chaîne des siècles : *Hic erit magnus* : Celui qui naîtra de vous sera le Grand.

Evidemment le siècle grand par excellence sera le siècle qui a vu naître, mourir, revivre et régner Celui qui par excellence est le Grand.

CONSTANTIN ET LÉON LE GRAND.

Depuis la paix de l'Église, 312, jusqu'à la mort de Léon le
Grand, 461. — Cette époque comprend 149 ans.

Ce qui fait la grandeur du siècle d'Alexandre,
c'est le triomphe de l'intelligence et de la liberté
par les Grecs.

Ce qui fait la grandeur du siècle de César et de
Pierre (vulgairement siècle d'Auguste), c'est d'abord
le triomphe de la prudence et de la patience par les
Romains : *Consilio et patientia* (I Mach. VIII. 3); puis
la lutte engagée entre Jésus-Christ et le monde, entre
les représentants de l'un et de l'autre, entre Pierre
et César. Mais alors le combat ne fait que commencer ; la victoire complète n'apparaît encore que dans
un avenir lointain.

Or si l'heure à laquelle la gloire sonna pour les
Grecs, puis pour les Romains, fut un instant solennel, que doit-on penser du moment où, après avoir
vaincu le génie grec et la force romaine par son
Évangile et par son Église, Jésus-Christ triomphera
et de la politique des Césars et de l'habileté des
sophistes ? C'est ce qui se réalise à l'époque des

Constantin et des Théodose, des Athanase et des Chrysostome, des Augustin et des Léon le Grand. La lutte, nous l'avons reconnu, est ici-bas une condition de grandeur. Jamais elle ne fut aussi universelle, aussi sérieuse, aussi élevée que durant cette période. Les héros de la Grèce et de Rome se battaient pour une domination ou pour une indépendance terrestre et temporelle. Les sophistes ne disputaient que pour briller; les philosophes sincères avaient trop beau jeu contre des adversaires non convaincus qui ne déraisonnaient que par vaine gloire.

Les envoyés de Jésus-Christ paraissent. Ils réclament la soumission de toute intelligence et de toute volonté; ils attaquent à la fois toutes les erreurs et tous les vices. On s'explique la terreur des sophistes et des Césars, on conçoit la fureur des grands et des petits, on comprend le frémissement universel de tous les esclaves, couronnés ou non, de la volupté, de la cupidité, de l'ambition. On peut en juger d'après les transes et les rages de leurs successeurs modernes. Les sophistes et les politiques, les Césars et les peuples se sont donc ligués et la lutte a duré trois cents ans. Quel sera le siècle préparé par un tel combat?

Soudain la croix brille dans les airs. Signe de victoire, je le sais; mais jamais la mêlée ne devient plus formidable qu'à l'heure du suprème effort qui doit déclarer le vaincu et le vainqueur. Aussi l'enfer et le ciel mettent en ligne des hommes dont les pareils n'avaient jamais été vus et n'ont pas encore été revus depuis.

Vainqueur par la Croix, Constantin s'incline devant le représentant de celui qui vient de lui assurer l'empire ; et son premier acte est de donner en retour la paix et la liberté à l'Église de Jésus-Christ. Mais, ici-bas, si pour l'Église il est des triomphes, il n'est pas un instant de calme et de tranquillité. Le fer du bourreau a cessé de frapper ; et voici que l'hérésie, née dès les premiers jours du Christianisme, grandit et prend des proportions effrayantes. Tous les dogmes du *Credo* triomphant vont être attaqués l'un après l'autre.

La Trinité, fondement de la foi chrétienne, est niée par Sabellius ; la divinité de Jésus-Christ, par Arius ; la divinité du Saint-Esprit, par Macédonius. Nestorius divise Jésus-Christ en deux personnes et refuse à Marie l'honneur de la maternité divine. Eutychès, au contraire, confond en Jésus-Christ les deux natures. Pélage nie le péché originel et la nécessité de la grâce. Encore un peu : la foi va disparaître et périr au sein même de sa victoire.

Enfin, par un effort suprême, l'enfer a uni dans un seul personnage la puissance impériale et la

pseudo-philosophie, le politique et le rhéteur ; il
jette au plus fort de la mêlée un César sophiste,
un chrétien apostat, un Julien.

Levez-vous donc et avancez, nobles défenseurs
de la foi et du nom de Jésus-Christ. Et voici les
Athanase d'Alexandrie et les Hilaire de Poitiers,
les Basile le Grand et les Grégoire de Nazianze, les
Cyrille de Jérusalem et les Martin de Tours, les
Jean Chrysostome, les Jérome, les Ambroise, les
Augustin, les Cyrille d'Alexandrie : incomparable
série de docteurs et de saints qui se terminera
par Léon le Grand.

Aussi c'est en vain que le sophisme et l'hérésie
s'abriteront sous le manteau de la protection im
périale des Constance et des Valens. Alors, comme
au temps des Socrate, des Platon et des Aristote,
le génie du vrai lutte contre le génie du faux ;
mais le génie n'est plus seul, il est illuminé, élevé,
transformé par la foi. Alors, comme aux temps
apostoliques, la foi lutte contre le sophisme et la
passion ligués pour la détruire ; mais la foi, après
avoir démontré que seule elle se suffit pour vaincre, ne dédaigne pas de s'associer la science et
l'art, la philosophie et l'éloquence. Le sophisme et
l'hérésie s'évanouissent donc en fumée, foudroyés
par le double feu du génie et de la foi.

Comment ce siècle n'effacerait-il pas celui des

philosophes, des poëtes et des orateurs de la Grèce ? Comment ne surpasserait-il pas celui où la théologie ne faisait que débuter ?

Et ne m'opposez pas l'inspiration des apôtres et des évangélistes. Je ne conteste point la supériorité de l'illumination surnaturelle de l'Esprit-Saint et de la révélation immédiate du Verbe incarné sur les lumières simplement naturelles de la raison humaine. C'est précisément sur cette base que je fonde la prééminence des grands Docteurs de l'époque des Athanase et des Léon le Grand. Les apôtres n'ont pas écrit pour un siècle seulement ; Jésus-Christ n'a pas révélé pour un temps ; l'Esprit-Saint n'est pas descendu sur l'Église pour un jour : l'assistance du Saint-Esprit est permanente dans l'Église, la révélation chrétienne s'adresse à toutes les nations : *Docete omnes gentes* ; à tous les temps : *Ecce ego vobiscum sum usque ad consummationem sæculi* ; les apôtres ont écrit pour tous les peuples et pour tous les âges. Viennent donc des hommes de foi et d'intelligence qui, s'appuyant sur la révélation et sur la philosophie, s'éclairant de la lumière surnaturelle et de la lumière naturelle, s'animant de l'inspiration de l'Esprit-Saint et de l'inspiration de leur génie personnel, unissent et rassemblent les prophètes et les poëtes, les apôtres et les philosophes, l'ancien et le nouveau Testament avec les plus beaux enseignements de la sagesse humaine qui, elle aussi, vient de Dieu : alors le génie transformé par la foi, et la foi secondée par le génie, enfanteront des œuvres que rien ne saurait égaler.

Le *Timée* et la *République* de Platon s'effacent devant la *Trinité* et la *Cité de Dieu* d'Augustin, le Platon chrétien. La voix tonnante de Démosthène ne domine pas les foudres qui s'échappent des lèvres de notre Bouche d'Or.

Vainement donc le César sophiste et rhéteur, l'apostat Julien prétend interdire aux chrétiens les écoles des sciences et des lettres. Les Basile et les Grégoire, les Ambroise et les Jérôme se sont emparé de tout ce qu'il y a de vrai, de bon et de beau dans les chefs-d'œuvre de la sagesse, de l'éloquence et de la poésie antique. Israël a de nouveau dépouillé l'Égypte. Il ne reste plus aux rhéteurs et aux sophistes d'Athènes et d'Alexandrie que la phrase sonore mais vide, que la forme d'un syllogisme dont la majeure est fausse et la conséquence extravagante.

A la seule pensée des calamités qui menacent la double société civile et religieuse, que de chrétiens aujourd'hui gémissent et tremblent! Ah! s'ils voyaient le pouvoir absolu sur tout l'univers civilisé aux mains d'un seul homme, et si cet homme était un Julien, quel effroi, juste ciel! quelle angoisse! quel tremblement!

Or cela s'est vu. Mais un trait entre mille peut les rassurer.

Jésus avait dit du temple de Jérusalem qu'il n'en resterait pas pierre sur pierre. Julien annonça qu'il ferait mentir le Galiléen. Il y eut des chrétiens qui se prirent à trembler. Julien se mit à l'œuvre. Par son ordre, tout ce qui restait des vieux fondements du temple fut enlevé. Et les mêmes chrétiens tremblaient encore. Hommes de peu de foi! Sans le vouloir, l'apostat s'est donné la mission d'accomplir la prédiction de Jésus. Regardez donc et voyez, c'en est fait : grâce à Julien, de tout ce temple, il ne reste pas pierre sur pierre. Et vous tremblez! Demain, je le sais, de nouveaux fondements doivent être posés. Tels sont les ordres de César, tel est son plan. Le jour fatal vient de luire. Les travailleurs s'empressent, les fondements nouveaux sont placés. L'heure du triomphe va sonner... Les voyez-vous, ces pierres, s'élancer de toutes parts, rejetées par un feu qui, poursuivant les ouvriers, imprime sur leurs vêtements la marque de la croix, comme pour se jouer de l'apostat?

Un seul fait de ce genre suffit pour éterniser

la mémoire d'une époque. Car seul il résume et déclare toute l'histoire de l'Église. — Sophistes et rhéteurs, scribes et légistes, apostats et politiques, levez-vous. Que ce soit pour relever ce que Dieu a renversé, ou pour renverser ce que Dieu a élevé, il n'importe. Quoi que vous fassiez, vous nous permettrez, n'est-il pas vrai, vous nous permettrez bien de sourire à la vue des succès brillants dont vos efforts sont couronnés. De notre côté on tremblait, on pleurait ; du vôtre, on applaudissait, on triomphait. Et voici que vos attaques sont pour nous des victoires, et que vos triomphes se terminent par la déroute. Rappelez-vous Mentana.

Va, cependant, va, Julien, poursuis ta route. Alexandre nouveau, va conquérir la Perse. A ton retour, tu l'as juré, les chrétiens seront exterminés. Mais Julien ne revint pas. Un trait lancé au hasard l'atteignit et le renversa, et l'apostat, recueillant le sang qui coulait de sa blessure, le jeta vers le ciel en s'écriant : « Tu as vaincu, Galiléen. » Le Galiléen, depuis, en a vaincu bien d'autres.

Durant cette période, l'Église triomphe de la fureur des hérésies et de l'effort suprême du paganisme. Un troisième adversaire se présente, c'est la barbarie.

Mais j'allais oublier une autre barbarie propre à la civilisation impériale de Rome païenne : je veux dire la barbarie des lois. Grâce à l'influence chrétienne, Constantin d'abord, puis le grand Théodose réforment peu à peu les inhumanités du Code. L'esclavage surtout reçoit une rude atteinte; et s'il ne disparaît pas tout à coup et tout à fait sous l'action de la liberté que Jésus-Christ est venu donner au monde, c'est que l'Église n'a pas l'habitude de procéder par ces violentes secousses qu'on appelle ouragans et tempêtes dans l'ordre physique, révolutions dans l'ordre social.

D'ailleurs, les frères des esclaves s'apprêtent à les venger. Contenus par la forte main des Constantin et des Théodose, les Barbares, sous les faibles successeurs de ce dernier, rompent enfin toutes les digues.

Du côté de l'Orient, la ville de Constantin les arrêtera. Sommé par Attila d'acheter la paix à prix d'or, le brave et pieux époux de la magnanime et très-catholique Pulchérie, Marcien, répond en vrai Romain : « J'ai de l'or pour mes amis, et du fer pour mes ennemis. »

Mais, par son obstination païenne, l'ancienne Rome, ivre encore du sang des martyrs, a provoqué le courroux divin. Le faible Honorius fait assassiner le seul homme qui pût sauver l'empire, Stilicon, vainqueur des Alaric et des Radagaise. Poussé par Dieu contre Rome, comme il le déclare lui-même,

1...

Alaric livre au pillage la Babylone de l'Occident. Seules, les églises des chrétiens sont épargnées. *Initia dolorum hæc.*

Voici le fléau de Dieu. L'herbe ne pousse plus là où a passé le cheval d'Attila. A l'approche du ravageur, tout tremble. Des évêques, saint Aignan à Orléans, saint Loup à Troyes, sauvent leur ville épiscopale. Une simple bergère, Geneviève, obtient de Dieu par sa prière le salut de Paris et des Gaules. Enfin les peuples dont la fusion formera la grande nation française, les Bourguignons, les Visigoths, les Francs, les Gaulois, les Romains, unis sous la conduite d'Aétius, écrasent dans les plaines de Châlons les cinq cent mille guerriers d'Attila. Le Barbare s'enfuit et se retourne contre Rome.

Depuis Constantin, les empereurs avaient abandonné la Ville éternelle. La majesté de la terre eût pâli auprès de la majesté du ciel. A l'approche d'Attila, le César d'alors vint se renfermer à Rome, non pour la défendre, mais pour s'y réfugier. C'est donc au Pape que revient le périlleux honneur de sauver la vieille capitale. Or, au moment où Attila marchait sur Rome, le siége de saint Pierre était occupé par un pontife que le danger n'effrayait pas. Léon le Grand, qui avait eu le courage et la gloire de porter le dernier coup aux grandes hérésies d'Orient, n'était pas homme à trembler devant la force brutale. Sans autre armure que la dignité de son sacerdoce royal, le pontife s'avance au-devant du *fléau de Dieu*. A la vue du représentant de la plus haute puissance qui soit au monde, le géant de la barbarie se trouble, il recule, et s'en va mourir dans une orgie.

Aétius et Boniface étaient les deux seuls hommes capables de soutenir l'empire d'Occident. Des intrigues de cour les divisent. Boniface, calomnié, cède aux premiers emportements de la vengeance et ouvre l'Afrique à Genséric et à ses Vandales. Un jour ce Genséric monta sur son navire. « Où allons-nous, demande le pilote ? — Laisse aller, répond le Barbare ; le souffle du vent nous poussera vers les peuples que Dieu veut châtier. » Cette fois le vent poussait encore sur Rome. Mais cette fois encore Léon le Grand fut assez puissant pour modérer du moins la fureur du Vandale.

Les défenseurs de Rome en deviendront les rois, et de toutes les origines du pouvoir, aucune ne sera plus divine et à la fois plus naturelle, aucune plus légitime et en même temps plus populaire.

Je conclus. L'histoire n'a pas encore offert le spectacle d'une lutte aussi solennelle et aussi capitale que celle qui remplit les IVe et Ve siècles. Hérésie, apostasie, barbarie, Arius, Julien, Attila, d'une part ; Constantin et Théodose, Athanase,

Basile, Chrysostome, Ambroise, Augustin, Léon l
Grand, d'autre part (et j'omets des noms tout auss
justement fameux dans les deux camps), c'est plu
qu'il ne faut pour immortaliser cette période. Er
deux mots, si le siècle des Socrate et des Alexandr
est grand, parce qu'il prépare de loin l'unité chré
tienne; si le siècle de César et de Pierre est plus
grand, parce qu'il est le principe et le fondement
du règne de Jésus-Christ; le siècle des Césars et
des docteurs chrétiens sera plus grand encore, car
alors Jésus lui-même y paraît encore plus grand,
soit qu'il triomphe sur les intelligences par la foi
et par le génie de ses docteurs, soit qu'il domine
la force matérielle par la magnanimité de ses saints
et de son lieutenant.

SAINT GRÉGOIRE VII ET SAINT LOUIS.

Depuis l'avénement de saint Grégoire VII, 1073, jusqu'à la
mort de saint Louis. 1270. — Cette période comprend
197 ans.

Cette période est longue, mais on ne peut ni la
diviser, ni la raccourcir. Nous daterons son ouver-
ture de l'avénement de saint Grégoire VII au trône
pontifical (1073). On pourrait la commencer plus
tôt : car l'action du moine Hildebrand est insépa-
rable de l'action du pape Grégoire VII. Nous arrê-
tons cette époque à la mort de saint Louis; ainsi
elle comprendra 197 ans.

Si pour un grand siècle vous réclamez de grandes luttes, engagées entre des adversaires puissants, sur des intérêts de l'ordre le plus élevé, si
vous demandez le triomphe de tout ce qui est juste
et saint, le triomphe de la vérité dans l'ordre intellectuel, de la liberté dans l'ordre moral, de l'idéal
dans l'ordre artistique, de la foi et de la charité
dans l'ordre religieux, si vous décernez la palme au
siècle qui a le plus entrepris, le plus souffert et le
plus réalisé pour assurer le règne de Jésus-Christ

par l'Église, aucune époque ne peut le disputer à
celle qui, pour la chrétienté, ne fut qu'une longue
lutte au dedans et au dehors : au dedans entre le
sacerdoce et l'empire, au dehors entre la croix et
le Coran.

Certains philosophes et certains historiens ont
vu dans le moyen-âge un temps de servilisme et
de servitude. Le moyen-âge comprend dix siècles
(de la chute de l'empire romain d'Occident à la
chute de l'empire romain d'Orient). Aujourd'hui
nous n'avons à nous occuper que des XIIe et XIIIe
siècles. Cette période fut-elle le cycle de l'esclavage ?
Examinons.

Et d'abord je reconnais qu'alors il se rencontra
des hommes qui aspirèrent à la domination absolue, quelques-uns même à la monarchie universelle. Les Guillaume et les Henry en Angleterre, les
Henry et les Frédéric en Allemagne, prétendaient
asservir et les peuples et les grands, et les évêques
et les papes, en un mot, la double société civile et
religieuse, la nation et l'Église.

En dehors de la chrétienté, les successeurs du
Prophète s'étaient promis de fonder l'empire du
Coran sur l'extermination des chrétiens.

La liberté se trouvait donc partout menacée ;
encore un peu, elle était perdue. Mais Dieu suscita

un héros, un saint, un libérateur. Ce fut le moine Hildebrand, devenu saint Grégoire VII.

Sur les traces de cet homme fort et libre, et en vertu de l'impulsion qu'il avait donnée, les Anselme et les Alexandre III, les Thomas Becket et les Innocent III, les Grégoire IX et les Innocent IV, par leur courage et, au besoin, par leur sang, assurèrent à l'Église et au sacerdoce l'indépendance et la liberté vis-à-vis de l'empire et de la royauté politique.

D'ailleurs, l'époque qui donna les Guillaume II et les Henry II d'Angleterre, les Henry IV et V, ainsi que les Frédéric I et II d'Allemagne, vit aussi naître des ministres d'État comme Suger, et des rois comme les Alphonse, les Jacques le Conquérant, et les saint Ferdinand en Espagne, comme les Philippe-Auguste et les saint Louis en France. Ces grands rois furent, il est vrai, conquérants; mais leurs conquêtes étaient la délivrance des peuples opprimés.

Enfin, reprenant l'idée de saint Grégoire VII dont il fut le confident, Urbain II a entendu et compris les accents de l'ermite Pierre. A la voix du Pontife, ces grands et puissants seigneurs que certaines jalousies s'efforcent de transformer en oppresseurs et en tyrans, se croiseront pour la déli-

vrance de leurs frères d'Orient aux cris mille foi[s]
répétés de : DIEU LE VEUT !

Tels sont les temps que des hommes qui se di[-]
sent libéraux voudraient rayer de l'histoire, au nom
de ce qu'ils appellent les principes et les idées mo[-]
dernes, au nom de la liberté, au nom des droits d[e]
l'homme. Pour eux, l'histoire commence en 89
comme si, avant eux, les peuples n'eussent conn[u]
que la servitude et eussent ignoré leurs droits.

Dieu nous préserve de répudier ce qu'il y eut d[e]
noble et de légitime dans certaines aspirations d[e]
89. Après un siècle comme celui du Régent, d[e]
Louis XV et de Voltaire, une réaction était néces[-]
saire. Ce fut, il est vrai, le contraire qui se fit.

Mais la Révolution eût-elle été ce qu'elle devai[t]
être, nous ne laisserions pas, et comme Fran[-]
çais et comme Catholiques, de reprendre plus haut
notre double histoire. Pour nous, l'histoire de
France date du baptême de Clovis, et l'histoire de
l'Église commence au jour de la Pentecôte. Car
avec le baptême de Clovis commence la liberté des
Gaules, affranchies enfin de la domination romaine
et de la tyrannie arienne; et avec la Pentecôte
commence la liberté des peuples, affranchis du joug
des faux dieux.

Revenons au moyen-âge.

« Les empereurs nommaient aux évêchés, dit

Voltaire ; Henry IV les vendait ». Saint Grégoire VII s'arme d'un zèle aussi constant que patient contre les évêques simoniaques et scandaleux, et il retire au roi allemand l'investiture par la crosse et l'anneau, symboles du pouvoir spirituel. La lutte fut terrible. On vit tour à tour Henry revêtu de l'habit de pénitent aux portes de Canosse, implorer humblement son pardon ; puis, Grégoire assiégé dans le château Saint-Ange et près de tomber aux mains du tyran. Délivré, mais un peu tard, par le Normand Robert Guiscard, le pape va mourir à Salerne, disant : J'ai aimé la justice, c'est pour cela que je meure en exil. Henry rejeté par l'indignation universelle, poursuivi par ses propres enfants, est réduit à demander pour vivre une place de chantre qui lui est justement refusée à raison de son excommunication.—Mais quelle différence entre ces deux hommes ! L'un meurt victime de son zèle ; sa cause triomphera : c'était la cause du droit et de la liberté. L'autre meurt victime de son ambition ; sa cause est perdue : c'était la cause de la violence et du despotisme.

La lutte va recommencer. Frédéric Barberousse veut s'entendre avec le pape pour se partager le monde. Il laisse au pontife le pouvoir spirituel, revendiquant pour lui-même l'empire universel sur toutes les nations. Au même temps,

Henry II en Angleterre rencontrait à des projets analogues une invincible opposition de la part de Thomas Becket, qui payait de son sang sa libre résistance. Mais la liberté ne périra pas : car Dieu a donné au monde un pape qui se trouve à la hauteur des circonstances. Écoutons un témoignage peu suspect : « L'homme, dit encore Voltaire, qui dans le moyen âge mérite le plus du genre humain, est le pape Alexandre III. Ce fut lui qui triompha dans Venise, par sa sagesse, de la violence de l'empereur Frédéric Barberousse, et qui força Henry II, roi d'Angleterre, de demander pardon à Dieu et aux hommes du meurtre de Thomas Becket ; il ressuscita le droit des peuples et réprima le crime dans les rois. »

Frédéric humilié se repentit ; il se croisa. Mais au moment où son génie allait assurer le triomphe du nom chrétien en Orient, il périt dans les eaux du Cydnus. Son fils Frédéric II dut la couronne à la protection d'Innocent III. Ce grand pape fut le défenseur de tous les droits. Il contraignit Philippe-Auguste à respecter la sainteté du mariage ; et redevenu grand, le roi, par la victoire de Bouvines gagnée sur un empereur excommunié, affermit la liberté de la France et de l'Église. En retour, la vigilance d'Innocent, secondée par l'héroïsme de Simon de Montfort et par le zèle de saint Dominique, préserva la France et le monde de la corruption manichéenne que les Albigeois venaient de ressusciter.

Cependant après la mort du grand pape, Frédéric II joua le rôle du serpent. Il se tourna contre l'Eglise qui l'avait réchauffé dans son sein. Mais Grégoire IX et Innocent IV , par leur sage fermeté , sauvèrent encore la liberté et réprimèrent le tyran.

Tandis que , par sa résistance aux prétentions de l'empire , le sacerdoce maintient l'indépendance religieuse et civile de la chrétienté , la lutte se poursuit contre le plus formidable ennemi du nom chrétien.

En Espagne, les successeurs de Pélage reprennent une à une les provinces envahies par l'Islamisme. C'est d'abord la fameuse bataille d'Ourique (1139), gagnée sur cinq rois Maures par Alphonse le Conquérant. Puis, la grande victoire de Navas de Tolosa (1212), remportée par l'Espagne coalisée , prépare le règne de ce Jacques le Conquérant qui , pendant soixante-quatre ans de combats , ne fut jamais vaincu, gagna trente victoires et fonda deux mille églises. Enfin les conquêtes de Ferdinand III le Saint, roi de Castille et oncle de notre saint Louis, ne laissent plus aux envahisseurs que la seule Grenade.

Or à ce moment la puissance musulmane était

loin de baisser. Jamais, au contraire, elle ne s'était montrée si menaçante. Thogrul, Malek-Schah, Nur-Eddin, Saladin, Almohadan ajoutaient conquêtes à conquêtes. Sans les croisades, le monde entier passait sous le régime du cimeterre.

Il n'est pas jusqu'au Bas-Empire qui ne reprenne alors une vie qu'on pouvait croire éteinte à tout jamais. On retrouve, il est vrai, toute la fourberie grecque dans les Alexis, les Jean et les Manuel Comnène; mais on ne peut refuser à ces trois princes une valeur et une capacité supérieures.

L'Asie centrale remue rarement. Mais quand elle s'agite, le monde est ébranlé : car ce ne sont pas des armées, ce sont des peuples entiers que le torrent de l'Hymalaya entraîne dans sa course. Or, comme s'il fallait que tous les genres de grandeur fussent représentés à cette époque, on vit alors l'invasion la plus gigantesque qui depuis Attila eût effrayé les nations. Avec une rapidité qui ne s'explique pas, Genghiskan étend sa domination sur toutes les contrées de l'Asie. Et si l'Europe échappe aux successeurs du redoutable Mongol, elle le doit au dévouement de l'héroïque Pologne. On sait quelle a été et quelle est encore la reconnaissance des peuples européens !

On serait infini s'il fallait rappeler toutes les gloires de cette période au seul point de vue de l'action militaire. La lutte est partout, et partout dans les proportions d'une grandeur inouïe jusque-là et depuis. Et cependant à peine avons-nous indiqué les deux gloires les plus pures et les plus brillantes en ce genre : les croisades et la chevalerie.

La croisade est l'union des grands et des peuples s'élançant, à la voix des Papes, pour délivrer le tombeau de Jésus-Christ et pour arrêter l'invasion du Coran.

La chevalerie, institution plus chrétienne encore que militaire, est comme une croisade permanente. C'est la force et le courage se consacrant, par un engagement spécial, à défendre la faiblesse contre la violence, contre l'abus de la force et du courage.

Les héros des croisades se nomment Godefroy de Bouillon, Robert de Normandie, Raymond de Toulouse, Bohémond de Tarente, Tancrède, Conrad III, Louis le Jeune, Frédéric I Barberousse, aussi grand depuis sa paix avec le Pape qu'il avait été féroce durant sa lutte contre l'Italie, Richard Cœur-de-Lion, Philippe-Auguste, André de Hongrie, Jean de Brienne, enfin saint Louis, plus grand, plus libre, plus roi dans les fers que sur le trône, plus majestueux sur la cendre où il est étendu mourant, que lorsque du haut de son destrier il abattait l'Anglais ou terrassait le Musulman.

Les ordres de chevalerie sont connus de tout le monde. Qui peut ignorer, qui oserait mépriser les hauts faits des chevaliers de Saint-Jean de Jérusalem, la défense de Rhodes par d'Aubusson, la grandeur d'âme de l'Isle-Adam qui sans la trahison eût sauvé Rhodes une seconde fois, l'héroïque fermeté de Lavalette tenant en échec toutes les forces du Grand Turc? Ces faits, je le sais, appartiennent à un autre âge. Mais l'arbre qui produisit ces fruits de dévouement appartient par ses racines à l'époque des croisades.

La défection des chevaliers du Temple et des chevaliers teutoniques peut consoler les détracteurs de toutes les institutions nobles et religieuses; mais ces grandes apostasies n'appartiennent pas au moyen âge, elles sont le fait des temps et des pays où l'on sourit quand il est question d'honneur.

Nous ne ferons que nommer les ordres religieux et militaires d'Alcantara, de Calatrava, de Saint-Jacques et d'Avis, institués par les rois chrétiens d'Espagne, pour opposer le pur dévouement au fanatisme aveugle des Musulmans.

Ces divers ordres représentent l'élite de la chevalerie; mais en dehors de ces institutions spéciales et religieuses, on peut dire que tous ceux qui alors sentaient un cœur généreux battre dans leur poitrine se faisaient un devoir et un honneur de s'enrôler dans les rangs des chevaliers laïcs. Or l'influence de l'esprit chevaleresque fut du plus salutaire effet sur la société.

« Nul doute, » dit Mgr Daniel dans son histoire universelle autorisée par le ministre de l'instruction publique, « nul doute que la chevalerie n'ait « reçu des croisades son plus grand développement « et son merveilleux éclat... Rester fidèle à Dieu, « à sa parole et à son honneur; défendre l'Église « contre les infidèles; protéger les femmes, les « orphelins, les voyageurs : tels étaient les ser- « ments du jeune noble, lorsque, après avoir été « page, puis écuyer, il était admis dans l'ordre de « la chevalerie. Ce fut une milice de héros, qui, « malgré les faiblesses ou les désordres de quel- « ques-uns de ses membres, a enseigné au monde « moderne le culte de l'honneur et une délicatesse « de sentiment inconnue à l'antiquité païenne. »

On peut ajouter que la chevalerie ne fut au fond que la régénération d'une autre institution qui, après avoir été longtemps la sauvegarde de la sécurité, de la liberté et de la propriété, avait alors besoin d'être ramenée à sa fin primitive et principale. Nous avons en vue le système féodal dont l'essence se résume en deux mots : protection du plus faible par le plus fort ; assistance donnée au fort par les faibles ligués sous sa conduite pour la défense commune de tous les droits.

Le vassal s'engageait à défendre l'honneur, la liberté, la vie de son seigneur ; s'il manquait à son serment, il pouvait être dépossédé comme traître ou félon, par la sentence de ses pairs, siégeant en cour de justice.

Le suzerain, de son côté, devait à son vassal aide et protection, sous peine de perdre ses droits.

Ce régime fut nécessaire tant que la royauté ne fut pas assez forte pour défendre la vie, la liberté et la propriété du peuple contre l'invasion normande ou musulmane, ou contre la violence de certains hommes puissants, ou de certaines bandes populaires qui abusaient, ceux-là de la force que donne l'opulence, celles-ci de la force que donne le nombre. Car il convient de ne pas l'oublier : si, dans le cours du moyen âge, il se rencontra des comtes et des barons qui, au mépris de leur serment et contre la loi même du régime féodal, se firent les tyrans de ceux qu'ils devaient protéger, on vit aussi, plus d'une fois, des troupes de gens sans aveu, vile populace qu'il ne faudrait pas confondre avec le vrai peuple, se transformer en brigands, ne pas plus épargner la commune que le château, et massacrer indistinctement le paysan, l'ouvrier, le bourgeois et le seigneur.

Alors du moins l'abus de la force, qu'il vînt des

grands ou du peuple , n'avait pas été proclamé comme un droit : aussi la tyrannie et l'émeute n'étaient que locales et temporaires, et la révolution ne constituait pas l'état permanent de la société.

Du reste , les déclamations contre la barbarie de quelques seigneurs féodaux , compensée par la générosité de tant d'autres , peuvent étonner dans un siècle qui a supporté Robespierre , Danton , Marat , et d'autres encore , qui, en dix ans, ont fait couler plus de sang (et quel sang !) que tous les seigneurs féodaux dans l'espace de dix siècles.

Il est un autre grief contre la féodalité et par là même contre l'Église, qui, au moyen âge, s'associa au régime féodal , comme elle s'était associée auparavant et comme elle s'associera depuis aux autres formes de la société civile. Ce grief , c'est le servage. Mais le servage n'appartient ni au régime féodal, ni au moyen âge. Pas au régime féodal : on l'a vu en des pays où n'exista jamais cette forme de gouvernement, en Russie, par exemple, et en Pologne. D'ailleurs les communes , les bourgeois , eurent leurs serfs aussi bien que les seigneurs féodaux.

Le servage n'appartient pas au moyen âge. Il remonte plus haut, il dure après.

Il remonte plus haut, et sous une forme bien

autrement rigoureuse. Avant le moyen âge , partout se retrouve l'esclavage. L'Église survient , elle pénètre dans la société ; et lorsqu'enfin il lui est donné de se mêler à la politique , c'est à dire au gouvernement et à la législation des peuples, ne pouvant abolir immédiatement l'esclavage , du moins elle le transforme. L'esclave était comme la chose du maître, pour lequel seul il travaillait et produisait. Le serf , il est vrai, est tenu à cultiver le sol d'autrui , la terre du seigneur féodal ou du bourgeois communal. Mais dès qu'il a remis aux mains du propriétaire ce qu'il lui doit en argent ou en nature , il travaille et gagne pour son propre compte. Sa famille lui appartient. Il a son existence civile et religieuse. Il peut prendre rang dans le clergé séculier et régulier , monter même sur le siége de saint Pierre.

Le servage enfin a survécu au moyen âge et à la féodalité. A peine vient-il d'être aboli en Russie.

Du reste, l'indignation sur la condition des serfs peut paraître factice sous la plume de ces écrivains si calmes et si froids à la vue de ces multitudes d'ouvriers que l'industrie contemporaine condamne au pire de tous les servages , au plus cruel de tous les esclavages, à celui de la faim et du travail forcé. Vous avez rasé le château féodal, mais vous l'avez remplacé par l'usine. L'Église, et la noblesse elle-même, avaient aboli le servage, vous l'avez remplacé par le paupérisme. Vous plaignez les anciens serfs : ils ne se plaignaient pas, ils ne se trouvaient pas malheureux. On ne les vit pas se soulever. Ils le pouvaient cependant. Les exemples ne manquaient pas. Ils n'avaient qu'à se joindre à ces bandes de fainéants volontaires, écume des cités, qui de temps à autre dévastaient les campagnes comme une lave immonde. Ils le pouvaient tout aussi bien que ces masses, si promptes, de nos jours, sous la main de la révolution. Ils le pouvaient : on n'avait pas encore inventé, pour les contenir, ces armées permanentes, ces garnisons, ces casernes, ces forts détachés et combinés, ces légions de gendarmes et de sergents de ville qui, par cela même qu'ils sont devenus nécessaires, sont aussi un des signes les moins équivoques du progrès de la civilisation et de la fraternité moderne sur la barbarie du moyen âge ! Pourquoi donc le serf ne songeait-il pas à se révolter ? C'est que son sort était bien supérieur à celui de l'ouvrier de la fabrique et de l'usine. En effet, le propriétaire du sol avait intérêt à ménager le serf et à le protéger, afin d'avoir sous ses ordres le plus grand nombre d'hommes possible. Le maître de l'usine ou de la fabrique ne compte pas les hommes, mais les produits et les pièces d'or. Que dix, vingt ouvriers succombent à la peine ou à la misère, que lui importe ? En voici quarante, cent qui meurent de faim et qui attendent la place du travailleur enlevé par la mort ou par la maladie.

Je sais qu'il est des exceptions, et qu'il se rencontre encore dans les rangs de l'industrie des hommes qui sont la providence de l'ouvrier et du pauvre ; mais en ce siècle d'indifférence religieuse et d'égoïsme mercantile, la charité dans cette classe de la société est malheureusement une exception ; au lieu que aux âges de foi et de dévouement, l'oppression était l'exception, et la charité la règle, comme l'attestent les innombrables fondations établies pour tous les genres de misère par ces *barbares* seigneurs, comme l'atteste l'institution même de la chevalerie.

Disons seulement, pour en finir avec les serfs, que c'est précisément au moyen âge que revient l'honneur de l'affranchissement de l'homme.

Les premiers siècles de cette longue période transforment l'esclave en serf : premier progrès ; la seconde affranchit le serf : second progrès. S'il restait encore des serfs en 89, s'il en restait encore de notre temps, ne vous en prenez pas aux hommes des xiie et xiiie siècles. Ils ne pouvaient d'un seul coup abolir un abus dont l'origine se perd dans la nuit des temps ; prenez-vous-en aux hommes des révolutions religieuses et politiques qui ont rompu brusquement le généreux élan que les Papes avaient imprimé aux esprits et aux cœurs.

Il faudrait maintenant un discours entier pour examiner, au point de vue intellectuel et moral, la *barbarie* de l'époque qui nous occupe. Indiquons seulement les points saillants.

L'éloquence, par l'organe d'un saint Bernard, produit alors des effets qui surpassent tout ce qu'on raconte des Démosthène et des Cicéron, des Chrysostome et des Augustin, tout ce qu'on dira plus tard des Segneri, des Bourdaloue et des Bossuet.

La philosophie, libre et hardie jusqu'à l'excès, comme ne le prouvent que trop les luttes fameuses des Réaux et des Nominaux, ainsi que les témérités des Abailard, des Gilbert de la Porrée et des Amauri de Chartres, la philosophie atteint une hauteur qui n'a pas encore été dépassée, parce que alors enfin elle s'unit à la théologie dans les doctes leçons des Lanfranc, des saint Anselme, des saint Bernard, des Hugues et des Richard de Saint-Victor, des Pierre Lombard, des Alexandre de Alès, des Albert le Grand et des saint Bonaventure, étonnantes intelligences entre lesquelles s'élève le prince des philosophes et des théologiens, le disciple d'Aristote et de saint Augustin et par là même de Platon, l'égal à ces trois puissants génies, l'ange de l'école, qui, avec saint Bonaventure, son admirateur et son ami, est le dernier que l'Église ait honoré du titre de docteur : vous avez nommé saint Thomas d'Aquin.

Il est vrai que ces esprits vraiment supérieurs et complets ont eu la simplicité de penser que l'application de la philosophie aux vérités de l'ordre surnaturel était le plus noble emploi qu'on en pût faire, et que tout en reconnaissant à la raison le droit et le devoir de démontrer par elle-même et sans le secours de la foi les vérités primordiales, telles que l'existence de Dieu et sa providence, la spiritualité de l'âme, sa liberté et son immortalité, et enfin les principes de la loi morale, ils ont mis au-dessus de tout l'étude et l'enseignement des dogmes révélés, subordonnant ainsi la raison et la parole humaine à la raison et à la parole divine, la philosophie à la théologie.

Mais c'est précisément à cette élévation qu'ils doivent le coup d'œil d'ensemble qui a produit, dans l'ordre scientifique, ces monuments gigantesques, ces Sommes de théologie où se trouve condensé avec un ordre parfait tout ce qu'il est donné à l'homme de savoir, soit par la seule raison, soit par la foi : monuments de science auxquels répondent, dans l'ordre artistique, ces cathédrales, non moins grandioses, où s'unissent tous

les secrets de la mécanique et de la statique, toutes
les conditions de l'élégance et de la solidité, tous
les arts, depuis l'architecture qui les conçut et les
éleva, jusqu'à la peinture, la sculpture et la musique, s'accordant pour représenter toutes les merveilles de l'ordre naturel et de l'ordre surnaturel
dans le temple du Dieu créateur et révélateur.

Nommons seulement Notre-Dame de Paris, Chartres, Amiens, Bourges, Reims, Strasbourg, Cologne,
Westminster, Burgos, Assise, Pise, Sienne, Florence,
et, à Paris encore, la Sainte-Chapelle.

Rappelons aussi qu'à l'hommage rendu à Dieu
dans ses temples, correspond l'hommage qui lui
est rendu dans la personne de ceux qui le représentent : et aux grands qui sont les ministres de
sa providence, et aux pauvres qui sont les membres souffrants du Dieu-Homme. De là ces palais,
ces châteaux, ces hôtels de ville, où l'art le dispute
à la force ; de là ces hôpitaux, si bien nommés
Hôtels-Dieu, dont la magnificence n'est égalée que
par les palais.

Seule la grande poésie manquerait à cette période si chacune de nos cathédrales n'était pas une
épopée, si, d'ailleurs, la *Divine Comédie*, quoique
venue plus tard, n'était pas une inspiration, un
écho du treizième siècle.

Je n'ai garde de contester aux époques des Copernic, des Képler, des Galilée, des Newton, des Herchell, l'honneur des grands progrès dans les sciences physiques. Je n'irai pas non plus déprécier l'étude du monde matériel pour excuser le treizième siècle de n'avoir pas découvert les lois de la gravitation, la machine à vapeur, l'éclairage au gaz, le télégraphe électrique, la photographie, et le fusil aux cent coups à la minute. Le génie ne méprise que le sophisme et le hideux. Il admire Dieu dans le grain de sable comme dans le soleil, dans le moucheron comme dans le séraphin ; et tout en proclamant, avec le grand physicien de l'antiquité, Aristote, la supériorité de la science de Dieu et de l'âme, de la métaphysique et de la morale, et surtout de la théologie, sur la science des corps et de leurs lois, sur la science des nombres et des mesures, le philosophe et le théologien estiment les sciences mathématiques et physiques, autant pour l'utilité de leurs applications pratiques au bien-être matériel de l'homme, que pour la manifestation qu'elles nous offrent de l'existence et de la providence du Dieu créateur et ordonnateur de l'univers.

Mais, sous ce rapport même, le treizième siècle n'a pas besoin d'excuse. Cette date est celle du réveil des sciences physiques. Les vrais savants du dix-neuvième siècle s'étonnent encore devant le prodigieux savoir et les sublimes aperçus des Vincent de Beauvais, des Albert le Grand et des Roger Bacon.

Au même temps, les lois de l'ordre social et religieux, déjà réunies en corps par Gracien de Bologne, auteur de la première collection des décrets canoniques, reçoivent leur complément par les ordres de Grégoire IX.

Et cependant les grandeurs politiques et militaires, scientifiques et artistiques de cette époque si féconde et si vivante, le cèdent aux gloires de la sainteté.

L'Espagne et la France sont gouvernées par des rois dont la vertu surpasse le courage et le génie : qu'on se rappelle saint Ferdinand et saint Louis. Déjà nous avons mentionné les Ordres religieux militaires qui sanctifient la chevalerie.

Si les Arnaud de Brescia, les Pierre Valdo et les infâmes Albigeois, ont pu tirer parti, contre le clergé, de la corruption causée par l'investiture laïque et par la simonie du siècle précédent, la période des saint Grégoire VII et des Innocent III verra tous les genres de réparation. Tandis que les chevaliers de l'Espagne, de la France, de l'Allemagne et de l'Angleterre, combattent par le fer le fanatisme musulman et les cruautés albigeoises, de nouveaux Ordres religieux, par un dévouement d'un autre genre, assurent à l'Église toute sa liberté et tout son éclat.

Ici, c'est saint Jean de Matha et saint Félix de Valois, là saint Raymond de Pennafort et saint Pierre Nolasque, instituant, ceux-là l'ordre de la Trinité et ceux-ci l'ordre de la Merci, destinés l'un et l'autre au rachat des chrétiens, captifs des Musulmans.

Ici, c'est saint Bruno et ses Chartreux, essayant sur la terre la vie des cieux ; là saint Norbert et ses Prémontrés, régénérant le clergé par l'esprit de pénitence.

Plus tard, saint François d'Assise et saint Dominique : l'un purifiant le monde par les admirables exemples de la pauvreté volontaire et l'embrasant par les séraphiques ardeurs de ses innombrables familles ; l'autre éclairant les peuples par la doctrine de ses incomparables Prêcheurs et les convertissant par le Rosaire de la Reine des Cieux.

Au-dessus de toutes ces gloires plane la royauté spirituelle de Jésus-Christ, si solennellement représentée par les saint Grégoire VII, les Urbain II, les Alexandre III, les Innocent III, les Grégoire IX et les Innocent IV.

Quelle époque enfin que celle qui commence par le type le plus accompli du grand Pape et qui se clôt par le type le plus accompli du grand roi et du roi chrétien, qui s'ouvre par saint Grégoire VII et qui se termine par saint Louis!

Mais arrêtons-nous à ce nom : car peu après saint Louis, un roi de France, un fils aîné de l'Église s'élevera contre le Pape, et la décadence commencera : décadence dans les arts, décadence dans la science, décadence dans la politique, décadence dans la foi et dans la vertu ; et alors la voix d'un moine apostat suffira pour ouvrir l'ère de ces révolutions religieuses, politiques, philosophiques, littéraires et surtout morales, qui, après avoir bouleversé les intelligences et les idées, amèneront toutes les anarchies et tous les despotismes.

Résumons cependant cette époque et les temps qui la précèdent, avec Mgr Daniel :

« On doit au moyen âge les croisades, la cheva-
« lerie, les ordres religieux et militaires, la liberté
« des communes, l'affranchissement des serfs, les
« parlements et les universités. Il a vu naître la
« royauté chrétienne, la grande charte d'Angle-
« terre, les États généraux de France, les Cortès
« d'Espagne, les républiques italiennes et la con-
« fédération helvétique. »

Voilà ce qu'on lit dans un ouvrage approuvé par le ministre de l'instruction publique. Et c'est à cette époque que l'ignorance ose jeter le reproche de servilisme et d'absolutisme !

« Le pays , continue Mgr Daniel , qui a le mieux
« conservé les institutions de cette époque est la
« libre Angleterre.

« Le moyen âge a produit la *Divine Comédie* , la
« *Somme* de saint Thomas , l'*Imitation de Jésus-
« Christ* , les cathédrales romanes et gothiques ,
« la renaissance des arts en Italie ; il a inventé la
« boussole, la poudre à canon, l'imprimerie. »

Et c'est à cette époque que l'ignorance a jeté le
reproche de barbarie !

Mais ici nous ne réclamons la palme que pour la
période spéciale dont l'invincible constance de saint
Grégoire VII constitue le fondement, dont l'impo-
sante majesté d'Innocent III remplit le centre, dont
la magnanimité chrétienne de saint Louis couronne
le sommet. Grands siècles , puisqu'ils furent par
excellence les siècles de Jésus-Christ, puisqu'alors
tous les genres de grandeur vinrent se grouper
comme pour former les degrés du trône du Roi des
rois, et que jamais, ni avant ni depuis, il ne fut plus
vrai de dire : Le Christ triomphe, le Christ règne,
le Christ gouverne. *Christus vincit, Christus regnat,
Christus imperat.*

ISABELLE ET LÉON X.

Depuis la découverte du Nouveau-Monde, 1492, jusqu'à l'abjuration de Henri IV, 1593. — Cette période comprend 101 ans.

Entre le siècle des croisades et l'époque de la Renaissance, s'ouvre un abîme. La division est partout, jusque dans l'Église. La chute d'un empire, de l'empire le plus long qui ait paru dans le monde, jette d'abord l'effroi dans les âmes et puis devient le signal d'une ère brillante. Du sein des ruines, des troubles, des schismes, va sortir un siècle nouveau. Oui, nouveau : car ce qui caractérise cette époque, c'est l'élan vers le nouveau.

Voyez-vous ces trois caravelles qui voguent vers l'Occident ? Matelots, vos terreurs ne sont pas vaines. A calculer froidement, l'étranger qui vous guide n'est qu'un aventurier téméraire. Eh bien ! jetez-le à la mer ; mais vous n'ébranlerez pas sa résolution. Et même, subjugués par l'ascendant de son génie, vous irez malgré vous, et, malgré vous, vous atteindrez un nouveau monde.

Christophe Colomb et la découverte de l'Amérique, en voilà plus qu'il ne faut pour immortaliser un siècle.

Ajoutez à cela le cap des Tempêtes doublé par Vasco de Gama, et devenu le cap de Bonne-Espérance, parce qu'il ouvre au commerce et à la foi une route nouvelle pour atteindre les Indes, la Chine et le Japon; ajoutez le tour du monde commencé à travers les océans par le hardi Magellan et terminé par le vaillant Sébastien El Cano; ajoutez les incroyables exploits des Fernand Cortez, des Pizarre, des Almagro et des Cabral : autant d'événements que les siècles précédents ne pouvaient pas même soupçonner. Or, ce ne sont là que des épisodes de cette éblouissante période.

Revenons en Espagne, car c'est l'Espagne, ainsi que le Portugal, qui, à la fin du XV⁰ siècle, donnèrent le signal du mouvement, mouvement qui fut surtout chrétien et catholique, n'en déplaise aux détracteurs de la Renaissance.

La grande et pieuse Isabelle, par son union avec l'habile mais trop jaloux Ferdinand d'Aragon, a fait de l'Espagne catholique une seule et forte monarchie.

Tandis que le Portugal, si fier alors et si magnanime, parce que, franchement catholique, il se montrait fils respectueux de Rome et non esclave de Londres, tandis que sur les traces de Vasco de ama, et par le génie d'Albuquerque le Grand, le Portugal, resserré du côté de la terre, s'étend par mer le long des côtes jusqu'aux Indes, jusqu'en Chine et jusqu'au Japon, Isabelle, par la prise de Grenade, met un terme glorieux à huit siècles de combats, et rejette enfin Mahomet et le Coran hors de la péninsule.

Qui sait si, sans les jalousies de Ferdinand, le ferme génie du ministre Ximénès et l'invincible épée du grand capitaine Gonzalve de Cordoue, n'eussent pas fait disparaître la puissance musulmane de tout le nord de l'Afrique?

Au même temps, une autre péninsule, non moins catholique que l'Espagne, atteignait aussi l'apogée de sa gloire.

La mission de l'Espagne et du Portugal fut alors de préparer les voies à la propagation de la foi dans les régions de l'Occident, du Sud et de l'extrême Orient. Le rôle de l'Italie fut de préparer le règne de Jésus-Christ et de l'Église sur les intelligences par les beaux-arts.

Fils du treizième siècle, par ses études, précurseur du seizième par son génie, Dante vient d'élever sa langue et la poésie à une hauteur qui ne sera point dépassée. L'impulsion est donnée. Malheureusement l'Arioste souille tout ce qu'il touche, et le Tasse , dans sa *Jérusalem délivrée*, reste au dessous de la simple histoire.

Il faut bien nommer Machiavel ; mais si Néron a donné son nom à la tyrannie, Machiavel flétrira du sien tout prince qui osera suivre sa politique.

L'éloquence est représentée par le témérai Savonarole.

Autour de Jules II et de Léon X se groupent tou les arts. Bramante commence Saint-Pierre de Rome et Michel-Ange élève la coupole. Raphaël succèd à Bramante, mais il est surtout peintre. Qui n'ad mire pas ses *Vierges ?* Qui n'est pas transporté su le Thabor à la vue de sa *Transfiguration ?* Peint et sculpteur aussi bien qu'architecte, Michel-Ang s'étonne lui-même devant son *Moïse*, tandis qu' épouvante le spectateur par son *Jugement dernier*.

Quelle période enfin que celle qui se compose de Léonard de Vinci, des Fra Bartholomeo, des Andr del Sarto, des Corrége, des Carrache, des Titien, d Paul Véronèse et des Tintoret !

Il est toutefois à regretter que la peinture, en perfectionnant pour la forme, soit descendue d hauteurs de cet idéal si pur, qui, au siècle préc dent, avait saisi la belle âme de Fra Angelico.

Palestrina crée la musique religieuse.

D'Italie, sous l'inspiration des Médicis, le mouve ment artistique passe en France. L'ancien Louvre les Tuileries, les châteaux royaux d'Amboise, de Blois, de Fontainebleau, de Chambord, d'Ecouen, en sont autant de preuves et de monuments.

Les sciences physiques prennent leur essor. Le génie sûr et hardi du chanoine Copernic avait enfin découvert le véritable système du monde. Képler et Galilée vérifièrent par l'expérience les calculs du génie.

Convenons qu'à cette époque les deux sciences les plus hautes, la philosophie et la théologie, sont en décadence. Les beaux-arts éclipsent toutes les autres gloires de l'ordre intellectuel. Toutefois ne maudissons pas ce mouvement, puisque l'Église elle-même, par les Papes, fut la première à l'encourager. Aussi, encore un peu, et tandis que les découvertes espagnoles et portugaises préparent à la foi des conquêtes nouvelles, l'Italie et la France, reprenant au génie païen les formes de l'art antique, en feront l'expression d'un idéal chrétien, et la Renaissance sera le triomphe de Jésus-Christ sur les intelligences.

Mais à cette vue l'enfer s'émeut; la scène va changer.

C'était en 1517. Sur la place publique d'une ville de Saxe nommée Wittemberg s'élevait un bûcher. Un moine s'avance. Il tient à la main une feuille de papier; il la jette dans le feu en disant : « Tu as

troublé le sein de Dieu ; que le feu éternel te tro
ble. » La feuille de papier était une Bulle du Pap
Léon X. Le moine s'appelait Martin Luther.

Affaiblie dans son influence sociale , grâce à
Philippe le Bel qui fut la première cause du gran
schisme d'Occident, la papauté ne s'est pas trouvé
assez forte pour réformer efficacement l'Allemagne
l'Angleterre et la France. Dieu va châtier. Quan
Dieu veut châtier, il ne prend pas une crosse, pa
même un sceptre ; il prend une verge : en d'autre
termes, il n'emploie pas un prêtre, il n'emploi
pas un roi , il se sert d'un apostat ou d'un tyran
Ou plutôt il se retire et laisse agir l'enfer. Don
alors, inspirés par le souffle infernal, Luther
Zwingle, Calvin, un moine, un curé, un clerc, trois
libertins sacriléges ; Henri VIII, Elisabeth, deux
libertins et deux tyrans, levèrent l'étendard d'un
double libertinage, du libertinage de l'esprit, du
libertinage de la chair. Aussitôt, tout ce qu'il y
avait de gangrené dans le clergé, dans la noblesse
et dans le peuple se détacha du corps de l'Église
et forma la religion nouvelle, le protestantisme. Le
sang corrompu , quand il s'échappe, rend la santé
au corps dont il infectait les membres. C'est ainsi
que, en délivrant l'Église de ce qui la souillait, je
veux dire de lui-même d'abord, et puis de ses par-
tisans, Luther la réforma.

Il y avait en ce temps-là deux princes ornés l'un l'autre des plus beaux dons de la nature. Pour les élever chacun de leur côté au comble de la puissance, Dieu avait abattu coup sur coup deux et trois dynasties.

A l'un il avait donné, outre les nombreuses provinces héréditaires de la maison d'Autriche, la Flandre, une partie de la Bourgogne, les Espagnes avec la moitié de l'Italie et avec les trésors des Amériques, et enfin l'empire d'Occident.

L'autre n'avait reçu que la France, mais une France unie, compacte, fidèle et brave comme son roi. Ce roi beau, grand, généreux, chevaleresque, se nommait François Ier.

L'empereur se nommait Charles-Quint. Depuis Charlemagne, jamais l'empire d'Occident n'avait eu pour le gouverner un chef aussi puissant. Charles, par le génie politique, était à la hauteur de sa puissance.

Le roi et l'empereur étaient de plus sincèrement catholiques. Ce n'était pas sans dessein que Dieu les avait faits si grands.

Et cependant, en Allemagne le moine séducteur sacrilége, en France le clerc marqué pour infamie, Luther et Calvin, pourront bouleverser la société chrétienne jusque dans ses fondements.

Hélas! Charles-Quint fut un prince politique,

François Ier fut un roi brave ; mais le caractère, la volonté, manquèrent à l'un et à l'autre. Ils ne comprirent pas leur mission. Aveuglés par une mutuelle jalousie, ils tournèrent l'un contre l'autre une force que Dieu leur avait donnée pour défendre la chrétienté contre le plus formidable des sultans, Soliman le Magnifique, et contre la révolution non moins anti-sociale que anti-religieuse dont Luther et Calvin furent les premiers moteurs.

Dieu remplacera donc les rois, ici par des héros, là par des saints.

Déjà Scanderberg, Hunyade et Mathias Corvin par des prodiges de valeur et de génie, ont brisé l'élan du vainqueur de Constantinople et de ses hardis successeurs. Un grand-maître de Saint-Jean L'Isle-Adam, avec six cents chevaliers, arrêter pendant un an devant Rhodes les deux cent mille Turcs de Soliman le Grand, qui, sans la trahison eût été contraint de se retirer. comme quelques années auparavant Mahomet II devant d'Aubusson, comme il le fera lui-même, quelques années après, devant Malte, défendue par Lavalette : car cette fois il ne rencontra que des guerriers et pas un traître.

Un vieillard, saint Pie V, par sa prière autant que par la flotte qu'il a réunie sous les ordres de Juan d'Autriche, frappera devant Lépante un coup qui sera la revanche de la prise de Constantinople et dont la puissance musulmane ne se relèvera pas.

La révolte protestante a triomphé presque sans combat sur les peuples du Nord. La corruption des grands les avait préparés à ce genre de réforme. En France les esprits n'étaient pas prêts. Tandis que les rois (1) s'amusent, les catholiques, sans se soulever, se liguent pour défendre leur foi. Une famille héroïque, celle des Guise, se dévoue pour assurer au royaume très-chrétien la liberté de demeurer catholique.

Cependant au principe de révolution permanente posé par Luther, Ignace de Loyola opposait une Compagnie qui, par sa constitution même, devait être la contradiction vivante de l'esprit protestant ; et un fils d'Ignace, François Xavier, rendait lui seul à l'Église plus de régions que la fausse réforme ne lui en avait enlevées.

Vainement la sanglante Elisabeth, inaugurant la nouvelle politique anglaise, soulève et soutient partout la révolution. Si Dieu, livrant à la tempête l'invincible Armada, ne permet pas au roi catholique de venger l'assassinat de l'infortunée Marie Stuart, le Salomon de l'Espagne saura du moins préserver son pays du fléau de l'hérésie. Il fera

(1) François II, Charles IX, Henri III.

5...

plus. Par les secours fournis à la Ligue, il contr
balancera l'assistance que nos Huguenots recevaiei
contre leur patrie de la part des protestants angla
et allemands, et ainsi la France lui sera en parti
redevable de la conservation de sa foi et de l'impo
sibilité pour Henri de Navarre de devenir Henri I
de France sans devenir d'abord catholique.

On a voulu faire un siècle païen de celui qu
s'ouvre par la catholique Isabelle et qui se termin
par l'abjuration de notre Henri IV, un siècle qu
débute par Michel Ange et qui se clôt par le Tasse
le chantre des Croisades. On a donc oublié que,
tout ce qui fut grand alors, dans le gouvernement
et dans la guerre, aussi bien que dans les lettres
et dans les arts, fut chrétien et catholique. Cette
période, en effet, est l'époque littéraire et artistique
des deux péninsules catholiques, de l'Italie, nous
l'avons vu, et de l'Espagne qui, sous Philippe II,
produit son immortel Cervantès et son merveilleux
Lope de Véga, tandis que le Portugal enfante son
Camoëns. Cette période est l'époque des grands
dévouements politiques, militaires et religieux.
Les Isabelle, les Ximénès et les Gonzalve de Cordoue, les Christophe Colomb et les Vasco de Gama,
les Fernand Cortès et les Albuquerque le Grand,
les Bayard et les François de Guise, les Lavalette
et les Juan d'Autriche, les Philippe II, les Henri IV,

tels sont les héros de ce siècle au point de vue politique et militaire. Or, ces hommes ne furent pas seulement de grands guerriers ou de grands politiques ; ils furent aussi, par la foi du moins, sinon tous par la conduite, de grands chrétiens.

Et puis, comment un siècle païen aurait-il donné au monde les saints les plus héroïques et les plus gigantesques qui aient paru depuis les apôtres ? Tels les Ignace de Loyola, les François Xavier, les François de Borgia, les Thérèse, les Pierre d'Alcantara, les Jean de la Croix, les Philippe de Néri, les François de Sales, les Canisius, les Charles Borromée et enfin le grand et saint Pontife, Pie V.

— Mais, dit-on, ce fut le siècle de Luther et de la grande hérésie protestante.

— Mais, dirai-je à mon tour, le siècle de saint Pierre fut celui de Néron, le siècle de Constantin fut celui de Julien, le siècle d'Athanase fut celui d'Arius, le siècle de Léon le Grand fut celui d'Attila, celui de saint Grégoire VII fut celui de Henri IV d'Allemagne, celui d'Alexandre III fut celui de Frédéric Barberousse, celui d'Innocent III fut celui des Albigeois, celui de saint Louis fut celui de Frédéric II, celui de Louis XIV et de Bossuet sera celui de Cromwell et de Jansénius.

Sans le contraste, le beau ne ressort pas ; sans

la lutte , la force ne paraît pas. Que serait Michel sans Lucifer ? que serait Moïse sans Pharaon ? que serait David sans Goliath ? Elie sans Achab , les Machabées sans Antiochus, les Martyrs sans les Césars bourreaux ? Jésus lui-même , tout grand qu'il est, Jésus , tout Dieu qu'il est, Jésus , sans la croix , ne paraîtrait pas ce qu'il est. S'il a un nom, un nom au-dessus de tout nom , c'est qu'il s'est humilié, s'étant fait obéissant jusqu'à la mort et à la mort de la croix : *Humiliavit semetipsum , factus obediens usque ad mortem , mortem autem crucis* ; et c'est pour cela que Dieu le Père l'a exalté et lui a donné un nom qui est au-dessus de tout nom : *Propter quod et Deus exaltavit illum et donavit illi nomen quod est super omne nomen.*

Que le siècle de la Renaissance soit le siècle de la Réforme, je le veux ; mais le siècle de la Réforme protestante est aussi le siècle de la réforme par le Concile de Trente ; mais le siècle de la *vierge* et *douce* Elisabeth est aussi le siècle de la grande et catholique Isabelle ; mais le siècle d'un Henri VIII est aussi le siècle d'un Philippe II , nom trop abhorré des protestants, des sophistes, des révolutionnaires et de la secte des libérâtres, pour n'être pas celui d'un chrétien , d'un catholique et d'un défenseur de l'Église ; mais enfin le siècle des conquêtes de Satan par Luther fut le siècle des conquêtes de

Jésus-Christ par Xavier; le siècle des grandes apostasies allemandes et anglaises fut celui de l'abjuration de Henri IV, triomphe le plus glorieux peut-être et le plus difficile que la foi catholique d'une nation ait jamais remporté sur son roi.

Honneur donc à une période qui fut grande entre toutes parce que, pour l'Église et pour la foi, autant que pour les lettres et pour les arts, elle fut une époque de Renaissance.

LOUIS XIV ET LA FRANCE.

Depuis l'avénement de Louis XIV, en 1643, jusqu'à sa mort
en 1715.

Cette époque ne comprend que 72 ans; mais
c'est assez. Un seul nom, un seul peuple suffiront
pour assurer la palme à ce demi-siècle. On dirait
que pour élever le royaume très-chrétien, autour
de lui, tout descend et s'abaisse, et, chose étrange,
c'est le protestantisme qui, par ses triomphes
mêmes, produit cet abaissement général de l'Europe
aux pieds de la France.

Ici l'Angleterre accepte et subit le joug d'un
tyran cynique et cruel qui, après avoir juridique-
ment assassiné un roi honnête, règne en despote
sous le nom de Protecteur.

Là, aidée par les armées d'un guerrier protestant,
Gustave Adolphe, par la politique d'un ministre du
roi très-chrétien, je l'avoue et je le déplore, d'un
cardinal de l'Église romaine, j'en conviens et j'en
gémis, l'Allemagne protestante l'emporte sur l'Allemagne catholique. Or l'abaissement de l'Autriche
en Allemagne amène celui de l'Espagne et de l'Ita-

lie, alors presque tout entière sous la domination espagnole.

Richelieu n'eut que le génie du présent. Il ne vit pas que, grâce à son unité territoriale, nationale et politique, la France était assez forte pour ne pas redouter deux puissances divisées d'origine, de langues, de mœurs, de frontières et d'intérêts, comme l'étaient l'Autriche et l'Espagne. Il était évident que, malgré la parenté de leurs souverains, ces deux états ne pouvaient pas demeurer unis. Chacun d'eux avait assez à faire, l'un avec ses colonies, l'autre avec ses populations si diverses, pour ne donner aucun souci à la France. Mais Richelieu ne comprit point l'avenir. Au dehors il éleva les protestants qu'il abaissait au dedans; au dedans il abattit la noblesse, et, croyant par là rendre la royauté absolue, il ne s'aperçut pas qu'en lui retirant ses contre-forts, il la livrait sans défense à la révolution; il ne s'aperçut pas, cet aigle, que si la noblesse contrebalançait le roi, elle contrebalançait aussi le peuple, et qu'ainsi elle maintenait l'équilibre entre les deux plateaux de la balance. Car trois éléments sont nécessaires pour constituer un état : le prince, les grands, le peuple. Otez-en un : reste l'oscillation continue entre la tyrannie et l'anarchie.

Un ministre italien, Mazarin, consommera l'œu-

vre extérieure de Richelieu par le traité de West
phalie, contre lequel Rome protesta, parce qu'i
livrait à des princes hérétiques des peuples catho
liques et qu'il posait en principe la politique d
l'indifférence religieuse et des faits accomplis.

Ainsi Satan s'est joué de l'Église en usant d
deux cardinaux pour opérer ce qu'on a nommé
l'apostasie des peuples européens. Depuis lors, il y
a encore des catholiques, il en existe autant, e
même plus qu'autrefois; mais il n'y a plus, ou
presque plus, de nations qui, comme telles, for-
ment un corps catholique. Ce résultat, renverse-
ment du moyen âge, est l'œuvre et le chef-d'œuvre
du traité de Westphalie. Les mains infernales durent
applaudir.

Mais Dieu se joue de la politique des génies humains et diaboliques. Il donne à la France un enfant
qui, malgré les efforts de Mazarin pour en faire un
prince incapable qu'il puisse gouverner à son gré,
deviendra le grand roi.

Le jour de la mort de Mazarin, les ministres
vinrent trouver Louis et lui demandèrent à qui
dorénavant ils devaient s'adresser pour les affaires.
A *moi*, répondit le monarque. Le grand règne
commençait.

Comme Salomon, Louis XIV, c'est l'ordre, c'est
la régularité du soleil. Autour de l'astre de la France

graviteront, contenues chacune dans leur sphère, toutes les grandeurs et toutes les gloires.

Dans l'ordre militaire, il suffit de nommer Condé, Turenne, Luxembourg, Vauban, Vendôme, Villars, Catinat et le ministre Louvois; sur mer, Tourville et Duquesne. Mais il convient aussi de rappeler que la France eut à lutter seule contre l'Europe coalisée et qu'elle eut à combattre sur terre un Montecuculli, un Mercy, un Malborough, un prince Eugène, et sur mer un Ruyter.

Dans l'ordre civil un nom domine tous les autres, celui de Colbert, qui fut le génie du commerce et des finances. Malheureusement, cet homme ne sut pas s'élever au-dessus de la région des intérêts matériels, et, par son manque d'intelligence au point de vue social et religieux, il devint la cause principale de la faute capitale de Louis XIV.

En même temps que par les armes et par le commerce la France affirme avec tant d'éclat sa force matérielle, par sa plume et par sa parole elle manifeste avec non moins de splendeur sa puissance intellectuelle.

Les sciences, les lettres, les arts semblent s'être donné un rendez-vous solennel en France et autour de la France pour élever le siècle de Louis XIV au-dessus de toutes les époques antérieures.

Croyant découvrir une méthode nouvelle, quand

il ne fait, en ce qu'il a de bon, que répéter les anciens, dont il ne s'écarte que pour s'égarer dans le chimérique, Descartes a du moins le mérite d'avoir osé se mettre au-dessus du servilisme qui, de son temps, rivait les esprits à la chaîne de la routine. Si Malebranche et Fénelon, trop hardis, s'imaginent voir tout en Dieu, Bossuet, avec ce bon sens supérieur qui est le trait saillant de son génie, résume la doctrine d'Aristote et de saint Thomas sur la logique, sur l'homme et ses facultés. Cependant Leibnitz confond et le scepticisme de Bayle et le sensualisme de Locke, disciple trop conséquent du chancelier Bacon.

Le mouvement imprimé aux sciences physiques et mathématiques par les Copernic, les Képler, les Galilée, se poursuit sous l'impulsion des Descartes, des Pascal, des Leibnitz, des Newton, des Cassini, des Huygens, des Torricelli.

Les arts sont représentés avec éclat : la peinture par Poussin, Champagne, Le Sueur, le Lorrain, en France ; Rubens, en Flandre ; Rembrandt, en Hollande ; Murillo, en Espagne ; l'architecture par Mansard et Perrault ; la musique par Lulli.

Mais le trait spécial du grand siècle, ce qui en fait l'expression la plus haute du génie humain, ce sont les lettres, l'éloquence et la poésie.

Corneille fait parler et agir des hommes comme

on n'en vit jamais, mais comme il devrait s'en rencontrer toujours. Racine montre les hommes tels qu'ils sont, et tels qu'ils sont au temps et au pays de Louis XIV : ses Grecs et ses Romains sont des Français du xviie siècle. Encore s'ils n'en avaient que l'héroïsme !

Molière, tout en restant Français, imprime le sceau du ridicule aux pédants, aux précieux, aux avares, aux vaniteux, aux parvenus et aux tartufes de toutes les époques et de toutes les régions. Pourquoi faut-il que le comique touche de si près au bouffon et même au grossier ?

La Fontaine, dans son fablier, donne à la France une vraie épopée. On a contesté la moralité de ses fables. Sans prétendre justifier toutes les malices du *bonhomme*, il faudrait cependant comprendre que l'ironie chez lui est à peu près continue. Le poëte prend l'égoïsme humain sur le fait ; il le laisse parler et agir. Certaines choses n'ont besoin que d'être montrées pour être jugées et condamnées. Telle cette maxime, résumé d'une politique ancienne et nouvelle : « La raison du plus fort est toujours la meilleure ». Ne s'est-il pas rencontré des critiques assez naïfs pour voir dans ce vers l'expression de la pensée même de La Fontaine ?

Je ne parle pas des contes de La Fontaine. Ils

sont infâmes. Le cilice les a condamnés : puisse-t-il les avoir expiés !

Boileau a pu se tromper sur quelques points ; mais la plupart de ses arrêts sont sans appel. C'est le bon sens qui a parlé.

Il est fâcheux que Pascal ait perdu un temps précieux et compromis sa réputation d'honnête homme, en s'acharnant contre des hommes qui , quoique tués par les *Provinciales*, se portent assez bien. Ce jeu du grand calomniateur lui a ôté le loisir de mettre en ordre et de compléter les *pensées* qu'il avait empruntées aux saints Pères et qui promettaient un monument.

On peut au reste se consoler de cette perte. Un cours complet de religion nous est offert dans les sermons de Bourdaloue si justement appelé le prédicateur des rois et le roi des prédicateurs.

Les *Caractères* de **La Bruyère** sont peut-être pris d'après nature, mais d'après la nature telle qu'elle se retrouve partout et toujours. C'est le privilége étonnant des hommes de l'époque du grand roi. Comme Louis XIV lui-même, ils sont de leur temps et à la fois de tous les temps. Chacun d'eux peut dire non pas seulement : L'État, mais : Le monde, c'est moi.

Massillon écrit si bien, qu'il ne peut se lasser de

sa phrase et qu'il finit par y noyer et y fondre sa pensée.

Fénelon, doué d'une âme trop belle, découvre partout un idéal, malheureusement chimérique. Excessif en métaphysique, il se hâte trop de voir tout en Dieu; excessif en ascétisme, il rêve un amour trop désintéressé; excessif en politique, avec l'apparence d'un républicain il serait le plus absolu des rois; excessif en rhétorique, il imagine un prédicateur à peu près impossible; excessif dans sa poétique, ses théories ont été avouées de l'école romantique, comme ses utopies sociales l'ont été des révolutionnaires, et cependant qui fut plus classique, plus monarchique et plus religieux que l'auteur de *Télémaque?*

L'aimable et idéaliste Fénelon semble venir à point pour faire ressortir la majesté sévère et positive de Bossuet. Bossuet plus grand dans l'ordre intellectuel que Louis XIV dans l'ordre social, Bossuet qui n'aurait pas de supérieur, si chez lui l'indépendance et la fermeté de caractère eussent répondu à la hauteur et à la fierté du génie. Quand le siècle de Louis le Grand n'aurait produit que le *Discours sur l'Histoire universelle*, c'en serait assez pour lui assurer le premier rang sous le rapport intellectuel. Histoire, théologie, philosophie, politique, esthétique, tout se rencontre dans ce chef-d'œuvre. Pourquoi faut-il que le rédacteur de la déclaration de 1682 se soit réduit à l'impuissance de reprendre son discours et de le pousser au-delà de Charlemagne. Car Charlemagne est déjà la condamnation pratique des quatre articles, condamnés, il faut bien le reconnaître, mais trop tard, par Louis XIV lui-même, qui ne les avait laissé rédiger que sous l'inspiration d'un ministre trop grand financier pour comprendre les intérêts sociaux et religieux des nations.

Bossuet n'a pas seulement écrit le *Discours sur l'Histoire universelle* ; en jugeant du haut de la chaire toutes les grandeurs de son époque, il a posé les vrais principes de toute grandeur.

Par l'*Histoire des Variations*, il a réduit à néant la grande hérésie des derniers temps; par la *Connaissance de soi-même*, l'homme avec lui s'élève à la *Connaissance de Dieu*. Il a tiré de l'Ecriture sainte une politique qui, pour être respectueuse envers les rois, représentants de la divine majesté, ne laisse pas d'être plus libre et plus indépendante que certaines utopies, soi-disant libérales, d'une autre époque. Enfin ses *Sermons*, comme ceux de Bourdaloue, sont un cours complet de théologie, et ses *Élévations sur les Mystères* sont une épopée.

Inutile, après ce coup d'œil d'ensemble, d'insister sur le principe de la grandeur de cette époque.

Tous les hommes de génie alors sont des hommes de foi; et c'est à la foi qu'ils doivent leur supériorité, même quand ils touchent des sujets purement humains. Les chefs-d'œuvre de nos deux grands poëtes sont *Athalie* et *Polyeucte*; celui du philosophe Leibnitz est un système de théologie. Le grand Newton ne peut entendre prononcer le nom de Dieu sans incliner la tête.

Tous les héros d'alors sont des hommes de foi. Si, comme les grands à presque toutes les époques, ils ont le malheur de céder aux emportements de la passion, ils meurent humbles et repentants.

Enivré par le succès et par l'admiration universelle, Louis se laissera éblouir par les illusions de l'orgueil et entraîner par les appas de la volupté. Dieu nous garde d'excuser dans un roi le libertinage, la passion de la guerre et l'insolence envers le Vicaire de Jésus-Christ; Dieu nous garde d'oublier et de ne pas condamner, comme elle le mérite, cette triple faute de Louis XIV. Mais tel est, en ce siècle, l'empire de la religion, que, sans attendre la vieillesse comme il arrive si souvent, Louis, à l'âge de quarante-sept ans, se range sous la loi de Dieu. A partir de ce moment, ses mœurs sont irréprochables.

L'affaire des Franchises, celle de la Régale et la Déclaration des trente-quatre prélats de 1682, si liers contre le Pape, si souples vis-à-vis le ministre des finances, autant de tristes choses qu'on voudrait dissimuler. Mais, bientôt revenu des emportements de l'orgueil, Louis reconnaîtra sa faute, et, par un désaveu formel des quatre Articles, il redeviendra, de fait comme de nom, le fils aîné de l'Église.

Il n'est pas bon, toutefois, de toucher au Pape. A partir de la téméraire Déclaration, l'étoile du grand roi pâlit. Guéri de la passion de la guerre comme de celles de l'orgueil et de la volupté, Louis ne veut que la paix : il se voit condamné à la guerre, et les revers remplacent les succès de la première période de son règne.

Ce revirement nous apparaît comme un châtiment et comme une récompense : châtiment sur le prince qui trop longtemps s'est oublié envers le Pape, et sur le peuple qui a trop servilement suivi son roi dans ses égarements ; récompense pour le prince qui a eu le rare courage de reconnaître sa faute et de la réparer.

Etrange récompense, dira-t-on ! Et cependant il est vrai que le malheur n'a servi qu'à faire éclater la grandeur de Louis. Tant qu'il eut sous la main des généraux tels que Condé, Turenne, Luxembourg, Catinat, des ministres comme Louvois et Colbert, on put croire que sa force reposait sur son entourage. Mais quand Dieu lui eut retiré ces puissants auxiliaires et que, n'ayant plus que deux grands guerriers à opposer à l'Europe coalisée et pas un ministre capable pour diriger les affaires, il ne laissa pas de se montrer aussi ferme, aussi calme, aussi résolu qu'aux jours de sa plus brillante prospérité, il fallut bien reconnaître que ce n'était pas seulement le cortége, mais le roi lui-même qui était grand.

On a beaucoup reproché à Louis XIV ce mot : « L'État c'est moi. » Le mot est de saint Thomas ; et saint Thomas serait fort surpris, ainsi que toute la société chrétienne du moyen âge, si on l'accusait de favoriser l'absolutisme, saint Thomas qui n'hésite pas à déclarer que, dans le cas de tyrannie, c'est le tyran qui est le séditieux. Or c'est ce même docteur qui proclame que le prince est l'État tout entier : *Princeps dicitur esse tota civitas.*

Malheur au peuple dont le souverain ne dit pas : « L'État c'est moi » ; malheur à la famille dont le chef ne dit pas : « Ma famille, mes enfants, c'est moi » ; malheur à l'armée dont le général ne dit pas : « L'armée c'est moi ». Si le prince ne se regarde pas comme identifié avec l'État, s'il n'aime pas l'État comme lui-même, s'il se distingue de l'État, si le prince et l'État font deux, l'État n'est plus pour le prince qu'une métairie qu'il exploite,

3.

un troupeau qu'il engraisse, mais pour le tondre, mais pour le traire, mais pour le dévorer ou pour le vendre.

Louis XIV ne se distingua pas de la France; par la France et avec la France il fut grand, et aussi avec lui et par lui la France fut grande. Les revers même de la dernière période du grand règne, après avoir servi d'expiation aux fautes de la première, se tournèrent en succès, et finalement la dernière entreprise de Louis le Grand réussit comme les autres : son petit-fils s'assit sur le trône d'Espagne.

Mais si la France fut grande avec Louis XIV, c'est que, alors plus que jamais, elle fut le royaume très-chrétien, étendant l'action de l'Église à tous les points du globe par ses missionnaires que le grand roi ne cessa de soutenir de toute l'utorité de son nom.

L'Espagne, le Portugal et l'Italie continuent, il est vrai, d'envoyer des légions d'apôtres sur tous les rivages de l'Afrique et de l'Asie orientale, et dans toutes les forêts de l'Amérique méridionale; mais c'est par la France et par la haute protection de son roi que l'Église s'étend et se soutient au centre même de l'empire Turc et de l'empire Persan, dans une partie des Indes et dans l'empire Annamite, dans l'empire Chinois et dans les forêts sauvages de l'Amérique du Nord.

Enfin , tel fut le prestige de la France, sous la main de Louis, que l'histoire de ce règne est , pour ainsi dire , l'histoire de l'Europe et par là même l'histoire du monde entier. Car, selon le mot de cet Allemand qui , avec Bossuet, fut peut-être le plus étonnant génie de cette époque , Louis XIV faisait seul le destin de ce siècle. En Europe , on ne l'appelait que le roi.

Il est deux noms toutefois qui , sans échapper à l'influence française, représentent une action indépendante. L'un rappelle le dernier éclat d'une nation toujours héroïque, même dans ses fautes , mais plus héroïque encore sous le coup du malheur. L'autre indique le premier effort d'un peuple qui jusqu'ici n'a encore étonné le monde que par la féroce hypocrisie de ses gouvernants et de leurs valets. Sobieski et Pierre le Grand ! quel contraste !

Sobieski , le héros du xviie siècle, comme Louis XIV en est le grand roi ! Sobieski, le sauveur de l'ingrate Autriche , aussi magnanime et aussi généreux que l'empereur Léopold est petit et pusillanime ! Sobieski, le type du guerrier chrétien, l'effroi des Turcs, le rempart de l'Europe ! Cependant ses efforts pour prévenir la ruine de sa patrie ne seront pas couronnés de succès. La Pologne a trop bien mérité de l'Église et de l'Europe chrétienne pour être abandonnée à ses fautes, comme certains criminels qui ne doivent recevoir qu'ici-bas la récompense du peu de bien qu'ils ont fait. La Pologne devait être éprouvée dans le temps et pendant un temps, parce qu'elle doit ressusciter. Plaignons la nation martyre, pleurons sur ces malheurs ; mais plaignons plus encore ses bourreaux, plaignons les héritiers de la politique de ce Pierre dit le Grand, qui ne voulut et qui ne fit que des esclaves ; plaignons les puissances qui ont participé au brigandage. Le partage de la Pologne sera vengé, et l'avenir verra d'autres partages. Un jour viendra, et ce jour pourrait bien n'être pas éloigné, où, se déchirant les uns les autres, les trois aigles feront place à d'autres. L'aigle noir revivra. Puisse la France être appelée à concourir à cette grande réparation de l'une des plus solennelles iniquités qui aient déshonoré les siècles postérieurs à celui de Louis XIV !

Concluons. Nous n'avons pas dissimulé les fautes du grand roi et du grand siècle. Ces fautes sont graves, mais elles ont été reconnues et réparées. On a quelquefois comparé Louis XIV à Salomon. Pour être juste, la comparaison doit être renversée. Salomon commença bien et finit mal. Les fautes de Louis XIV appartiennent à la première période de son règne qui fut cependant la plus brillante ; plus heureux et plus fidèle que le fils de David, Louis finit comme il eût dû commencer.

Un dernier mot. Quels sont les détracteurs du grand siècle et du grand roi? Les Jansénistes, les parlementaires, les protestants, les sophistes du XVIIIe siècle et ceux du XIXe, un Saint-Simon, un Voltaire, c'est-à-dire les ennemis les plus constants de l'Église; enfin les révolutionnaires, c'est-à-dire les ennemis déclarés, non plus seulement de l'Église, mais de toute société et de l'humanité même.

Il serait bien étonnant qu'il ne fût pas grand, cet homme qui eut l'honneur de déplaire à tous ceux qu'offusquent le mérite et la grandeur.

LE SIÈCLE DE PIE IX.

Depuis la Déclaration de 1789 jusqu'au Concile de 1869. —
Cette période comprend 80 ans.

Quatre-vingt-neuf est une date fameuse. Qu'elle soit donc le point de départ de notre époque. Une date non moins fameuse pourra la clore. A l'Assemblée de 1789 correspondra, par contraste, le Concile de 1869. La période sera de 80 ans.

Le siècle de Louis XIV est grand par l'unité. Le nôtre se distingue par la variété, ou, pour être plus exact, par la variation. C'est la révolution en permanence. Aussi aucun genre de grandeur ne lui manque.

Grandeur du crime d'abord. Lucifer est dépassé. Le premier révolutionnaire avait dit : *Non serviam,* je ne servirai pas. Mais il n'avait pas proclamé l'abolition de son Dieu. Il est vrai qu'il avait trop d'intelligence pour monter jusqu'à cet excès de folie ; au lieu que ce qui caractérise le révolutionnaire de notre siècle, c'est le manque total d'intelligence. Lisez leurs journaux, écoutez les proclamâtions de cet homme ridicule dont ils ont fait leur héros de parade.

Lucifer avait dit : *Similis ero Altissimo*, je serai semblable au Très-Haut. Il n'avait pas dit : « Je serai Dieu. » Il fallait être homme, et homme issu de Voltaire et de Louis XV, pour adorer sa propre raison personnifiée dans une infâme créature.

Une poignée de scélérats qui se nommèrent Marat, Danton, Robespierre, s'imposent au peuple des Clovis, des Charlemagne, des saint Louis, des Henri et des Louis le Grand, au peuple très-chrétien, au peuple qui dix fois s'était armé pour assurer la liberté du Vicaire de Jésus-Christ, au peuple qui sept fois s'était croisé pour délivrer le tombeau de Jésus-Christ, au peuple qui s'était ligué pour s'assurer à lui-même la liberté de garder sa foi en Jésus-Christ ; et tandis que cette poignée de bandits tient la France sous l'empire de la terreur, elle épouvante l'Europe par l'héroïsme des soldats de cette même France, toujours aussi brave que docile. Grand Dieu ! quel crime avaient donc commis nos pères ! Ah ! la France de Charlemagne et de saint Louis était devenue la France d'un d'Orléans et d'un Louis XV ! Les fils des croisés avaient reculé devant les fils de Voltaire ! L'Europe, après avoir subi l'influence de la France très-chrétienne, avait accepté l'influence de la France voltairienne. Et la

France sera châtiée, les fils des croisés seront châtiés, l'Europe sera châtiée.

Au nom de l'égalité qu'ils ont proclamée, et pour l'établir, les fils de Voltaire suppriment tous les droits : propriété, paternité, royauté, divinité. Tout est nivelé par le marteau du démolisseur et par le couperet du bourreau.

Tout à coup paraît un homme prodigieux, qui, comme il l'a dit de lui-même, tenait du renard autant que du lion. Il commence par broyer sous la mitraille, et sur le quai même de Voltaire, cette révolution dont il se déclarait le fils. Puis, nouvel Attila, il se mit à balayer en Europe tous ces rois et empereurs, unis hier encore pour enchaîner l'Église leur mère, et pour abattre le pouvoir du Pape, seul soutien de l'autorité des rois, seule garantie de la liberté des peuples.

Cependant, aux applaudissements de l'hérétique Angleterre, deux papes, coup sur coup, sont renversés par l'épée qui, dans la main de Charlemagne et de saint Louis, avait si franchement défendu le vicaire et la croix de Jésus-Christ.

Le vainqueur des peuples et des rois fut heureux et triomphant jusqu'au jour où il oublia qu'une parole du Pontife pouvait faire tomber les armes des mains de ses soldats. Elles tombèrent en effet, et le prisonnier de Sainte-Hélène reconnut, mais

trop tard, qu'il n'est pas bon de mettre la main
sur le Pape.

Telle est la première partie de cette période.
Jugez, par la profondeur de la vallée, quelle sera
la hauteur de la montagne !

Déjà, du reste, au sein de cette nuit qui de 89 à
99 pesa sur la France, la foi antique avait jeté des
lueurs qui annonçaient que le royaume très-chrétien
ne devait pas avoir le sort de l'Angleterre et de
l'Allemagne.

Les fils des croisés, nous l'avons dit, avaient
subi l'influence de Voltaire et d'une cour corrompue. Plusieurs avaient eu la naïveté d'applaudir
aux premiers élans d'une révolution qui déclarait
les droits de l'homme, comme si l'homme jusque-là
eût ignoré ses droits !

On sait avec quel enthousiasme la noblesse et le
clergé sacrifièrent les priviléges par lesquels autrefois les peuples et les rois avaient voulu éterniser
le souvenir de leur reconnaissance pour le dévouement du guerrier et du prêtre.

Mais la Révolution ne renversait la hiérarchie
dans l'ordre civil que pour la renverser dans l'ordre
religieux ; elle ne proclamait les droits de l'homme
que pour abolir les droits de Dieu. Celui qui avait
dit : « Ecrasons l'infâme, » avait dit aussi : « Dans
vingt ans, Dieu aura beau jeu. » Un jour vint où

cette révolution prédite et préparée par Voltaire exigea de la France le sacrifice de sa foi. Et alors le clergé français, ce clergé corrompu, disait-on, par ses richesses et par sa puissance, le clergé français périt sur l'échafaud et sur les pontons. Et alors la noblesse française, cette noblesse qu'on avait vu si légère et si libertine, se réveilla, et plutôt que de trahir la double foi de ses aïeux, elle périt ou dans les misères de l'exil, ou en combattant les ennemis de la patrie et de la religion, ou sous le tranchant de la guillotine. Et alors le peuple français, ce peuple dont l'hypocrite pitié des fils de Voltaire déplorait la servitude, ce peuple qu'on supposait impatient d'écharper les nobles et les prêtres, ce peuple se leva en effet, mais contre les libérateurs sanguinaires qui au nom des droits de l'homme lui enlevaient ses prêtres et ses pères. Car il importe de ne pas l'oublier, les révolutionnaires ont bien pu asservir le peuple durant quelques instants, ils ont pu le surprendre; mais ils n'ont pu l'associer à leurs forfaits. Pour se donner des complices il leur a fallu ouvrir les prisons et les bagnes et faire appel à l'écume des cités.

On put dès lors prévoir ce que ferait la France quand, affranchie du joug de la révolution, elle serait libre enfin de se manifester... Mais n'anticipons point.

La révolution annulait, autant du moins qu'elle le pouvait, tout ce qu'il y avait de grand. Issue d'une jalousie haineuse contre toute supériorité, fondée sur l'utopie d'une égalité chimérique, faite par des hommes qui, incapables de s'élever au-dessus du vulgaire, n'avaient d'intelligence et d'énergie que pour le crime, la révolution abattit tout ce qui dépassait le niveau de la populace. Sacerdoce et églises, noblesse et châteaux, science et arts, génie et vertu, rien de tout ce qu'elle put atteindre n'échappa à son vandalisme.

La froide et fausse philosophie de l'école de Voltaire dominait, le calcul remplaçait la poésie, l'étude de la matière suppléait l'étude de l'âme et de Dieu.

Cependant ce fut alors qu'un poëte en prose osa célébrer le génie du christianisme. Une ère nouvelle s'ouvrait pour la littérature. Le jansénisme de Boileau, par un respect exagéré, avait interdit au poëte les inspirations de la Bible et de la foi, et ce ne fut que trop tard, lorsque Racine eut donné *Esther* et *Athalie*, que le législateur du Parnasse comprit et reconnut la vraie source de la poésie. Le *Génie du Christianisme* de Chateaubriand fut pour les artistes une révélation. Enfin les dieux et les héros de la mythologie firent place à Dieu, à ses anges, à ses saints, et les grandeurs de la Grèce et de Rome se retirèrent devant nos gloires nationales et chrétiennes.

Malheureusement nos deux poëtes se fourvoyèrent. Lamartine rêva, et les cordes détendues de sa lyre ne donnèrent qu'une harmonie vague et plaintive.

Hugo, qui aurait pu rappeler Corneille, se roula dans le sang et dans la fange ; et, prenant le laid idéal pour le beau, bientôt il ne vit et il n'exprima que le monstrueux. La France attend encore son poëte national.

L'Allemagne est plus à plaindre. C'est en ce siècle enfin qu'ont paru ses poëtes. Quel génie ! mais quelle inspiration ! Schiller dénature l'histoire. Sa muse protestante ne comprend aucune des gloires catholiques. Gœthe, dans son *Faust*, se fait l'écho poétique de l'idéalisme égoïste et panthéiste des Kant, des Fichte, des Schelling et des Hégel dont Cousin sera l'écho français; tandis que, formé à l'école du sauvage Rousseau, l'infortuné Lamennais, après avoir étonné le monde par les hardiesses et les exagérations de son *Essai sur l'indifférence en matière de religion*, se laisse entraîner par la haine de la raison à l'abîme où d'autres ont été précipités par la haine de la foi, au panthéisme, au culte du Dieu-Tout, ou plutôt à l'égoïsme, au culte du moi, au culte de la raison même identifiée au monde et à Dieu.

Toutefois, pour l'honneur de notre époque et

pour celui de la philosophie, hâtons-nous de protester contre la naïveté de ces hommes, disciples les uns de Lamennais, les autres de Cousin, qui s'imaginent qu'entre la philosophie et le dogme chrétien, entre la raison et la tradition catholique, il existe une opposition et une contradiction nécessaire. Si, pour avoir méprisé la surveillance de l'Église, quelques intelligences se sont perdues dans le Dieu-Tout et dans le Dieu-Néant, la philosophie, par l'organe des Bonald, des Joseph de Maistre, des Balmès et des Donoso Cortès, s'est replacée à la tête des sciences, et ne le cède qu'à la théologie toujours reine dans les sphères intellectuelles, soit qu'elle emprunte les accents oratoires des Mac-Carthy, des Frayssinous, des Lacordaire, des Ravignan et des Félix, soit qu'elle se défende et s'affirme par la plume des Wiseman, des Faber, des Manning, des Parisis, des Pie, des Deschamps, des Plantier, des Guéranger ou des Ramière, soit qu'enfin du haut de la chaire infaillible, elle foudroie, l'une après l'autre, toutes les erreurs, toutes les maximes du naturalisme et de la révolution.

Non, ne faites pas à notre époque l'injure de n'y voir que le progrès des sciences physiques et des arts industriels. Si la vapeur défie la tempête et dépasse les coursiers les plus rapides, si le gaz change nos nuits en jours , si la foudre se fait la messagère de nos pensées , si le soleil remplace Apelles et Zeuxis , si les Laplace, les Cuvier, les Ampère , les Cauchy, les Biot, les Arago, les Herschell , les Leverrier dérobent à la nature et au calcul leurs plus intimes secrets , l'art aussi a ses représentants et ses échos. Boieldieu , Auber, Meyerbeer, Rossini, dans la musique ; Canova , David , dans la sculpture ; Ingres, Flandrin , dans la peinture, méprisant le réalisme grossier qui ne se complaît que dans la représentation du vice et du hideux , ont su s'élever à l'idéal , et ils ont eu le courage de l'exprimer.

Toutefois l'architecture , qui jamais ne fit défaut aux grands siècles , manque encore à celui-ci. On restaure , on copie ; mais , en fait de créations, on ne nous offre que des gares et des casernes.

Nous sommes aussi forcés de convenir que le vulgaire , c'est-à-dire le grand nombre, ne se préoccupe que des intérêts matériels et des jouissances sensuelles. Si l'industrie enrichit quelques spéculateurs habiles, heureux (d'autres disent frauduleux), il faut bien avouer que , dans les pays où elle domine , elle multiplie les pauvres et les esclaves. On ne peut pas dissimuler que le parvenu contemporain a remplacé le servage du moyen âge par le paupérisme ; on sait que si jadis le château et la commune abusèrent trop souvent de leur épée, aujourd'hui la haute industrie et la haute finance font, l'une de son usine et l'autre de son or, un abus cent fois plus cruel et cent fois plus funeste. On sait que la morale de l'intérêt et la morale du plaisir ont succédé, dans certains pays et dans certaines classes, à la morale de l'honneur et de la fidélité, et qu'aux yeux de certaines personnes l'aristocratie d'argent remplace l'aristocratie de l'honneur et du dévouement.

On sait tout cela ; mais ce qu'on sait aussi, c'est qu'en dépit des entraves, la charité libre s'élève au-dessus de l'égoïsme omnipotent : on sait qu'il serait difficile, impossible même de compter seulement les associations que le zèle sacerdotal, religieux et laïc multiplie sans cesse pour contrebalancer les prodigieux efforts de la révolution et des sociétés secrètes : Conférences de Saint-Vincent-de-Paul, œuvres de Saint-François-Xavier, de la Sainte-Famille, de Saint-François-Régis, de la Propagation de la Foi, de la Sainte-Enfance, Association de Saint-François-de-Sales, Denier de Saint-Pierre, et autres sans nombre, en France, en Italie, en Espagne, en Allemagne, en Angleterre, en Amérique, partout, en un mot, où se retrouve l'esprit catholique.

L'action nous amène à l'histoire qui la raconte et à l'éloquence politique qui la détermine.

L'histoire s'est changée en une vaste conspiration contre la vérité. Personne ne le conteste. Des écrivains de talent, mais voués par leur origine au culte de la Révolution, n'ont vu d'abord dans les annales des peuples chrétiens qu'une longue lutte entre le principe d'autorité et les efforts de la liberté dont, à les entendre, la Révolution commencée à Luther et terminée par la Déclaration des droits de l'homme, serait le triomphe définitif ; mais, disons-le à l'honneur des temps, tel a été l'ascendant de l'esprit catholique que, sans précisément reconnaître les illusions de leur âge mûr, deux d'entre eux, dont l'un se dit protestant, et l'autre fils de Voltaire, ont fini par prendre hautement la défense de l'Église et du Pape. On connaît les brochures de Guizot et les discours de Thiers.

Les Guizot et les Thiers ne sont pas seulement historiens, ils sont orateurs et publicistes. Jadis, il est vrai, leur plume et leur parole nous furent hostiles ; mais alors ils se trouvèrent en face des Berryer et des Montalembert. Ainsi à aucun instant de notre époque, la vérité et le droit ne sont restés inférieurs, devant la force ou l'adresse, pas même lorsque à la voix du redoutable Mirabeau, tout pâlissait, tout reculait, excepté l'indomptable Maury qui depuis... Mais il fallait être un saint pour ne pas s'incliner sous le regard impérieux de l'homme qui voyait à ses pieds tous les rois. Le saint se rencontra, et autour du pontife prisonnier les dévouements se multiplièrent. L'honneur et la liberté de l'Église demeurèrent sains et saufs... Mais je m'oublie. Revenons.

Puisque l'histoire nous fait traverser les régions de l'éloquence politique, il ne nous est point permis de les quitter sans saluer les maîtres de la tribune anglaise, les Pitt, les Fox, les Burke, les Canning. Et qui nous pardonnerait d'oublier celui qui fut par excellence l'orateur populaire, l'orateur de la vraie liberté, le défenseur du droit et de la foi opprimés par la violence et par l'hérésie, le Démosthène, je dirai presque le Moïse de l'Irlande : vous avez nommé O'Connell ?

Le droit me ramène à l'histoire en me rappelant une justice rendue par notre siècle à une époque méconnue par celle de Louis XIV, méprisée par celle de Voltaire. Il fallut du courage, au sortir de la révolution de 89, pour écrire, comme l'a fait Michaud, l'*Histoire des Croisades*, et pour démontrer par les faits l'héroïsme des âges de foi. Après cela Montalembert put écrire la *Vie de sainte Élisabeth*, en attendant qu'il lui fût donné de justifier du reproche de barbarie les temps même les plus arriérés du moyen âge : ce qu'il a fait dans son *Histoire des Moines d'Occident*.

3..

Cependant, reprenant l'histoire de l'Église et de l'empire, à l'origine de la lutte entre la force politique et la force catholique, les Laurentie, les de Champagny, les de Broglie assuraient le triomphe de la vérité sur la conspiration du mensonge.

Oh! qui écrira l'histoire de l'époque présente! Que d'événements, que de personnages entre l'Assemblée de 1789 et le Concile œcuménique de 1869! Quel contraste entre l'abîme et le sommet! Quelle ascension de Robespierre à Pie IX! Donnez à l'historien d'une si singulière époque un double burin. Donnez-lui le burin de Tacite pour flétrir des noms et des choses que Rome, sous Néron même, ne connut pas; donnez-lui le burin de Tite-Live pour célébrer la magnificence des faits accomplis par le grand homme, par le saint dont la douce majesté, dont la souriante audace domine les impuissantes rages de la révolution frémissante. On disait la foi éteinte, et Pie IX rétablit la sainte hiérarchie dans l'hérétique Angleterre; et la France révolutionnaire, la France qui venait de renverser le trône pour la quatrième fois en soixante ans, la France se retrouva très-chrétienne et invincible pour rétablir le Pape à Rome, et Pie IX proclama le dogme de l'Immaculée Conception. On se rappelle avec quelle allégresse l'univers célébra ce triomphe de Marie. Or ce n'était que le signal d'une série de triomphes pour l'Église et pour Pie IX. On disait ce vieillard abandonné. Il fit un signe, et de jeunes héros se croisèrent pour défendre le Père universel. Castelfidardo les vit écrasés par le nombre et par la trahison, comme les trois cents Spartiates aux Thermopyles; mais Mentana les revit, et cette fois ils triomphèrent et du nombre et de la perfidie.

La France très-chrétienne était encore là, elle y était parce qu'elle voulait y être.

La force avait prétendu imposer des conseils à celui qui a reçu d'en haut la mission de faire la leçon aux peuples et aux rois; et la Révolution avec son sourire sardonique, lui disait du haut d'une tribune : « Sagesse, Saint-Père ! » et le vieillard répondit par la condamnation solennelle de la sagesse de cette même révolution qui déjà se flattait d'avoir soumis toutes les intelligences à ses principes et toutes les libertés à ses droits.

On plaignit alors le vieillard. Même parmi les fidèles, on trembla, on hésita. « Cette fois, murmurait-on, Pie IX restera seul ! » Et Pie IX dit un mot. Ce mot n'était pas un ordre, ce n'était qu'un désir.

Et voici que ce vieillard isolé se trouve une seconde fois entouré de tous ses frères dans l'épiscopat. Sur un troisième appel l'empressement est plus étonnant encore. Comment expliquer la force, la puissance, l'empire de ce vieillard, qui seul commande et seul est obéi dans un siècle où les rois obéissent, où les esclaves commandent? Raisonnez, philosophes; devinez, politiques. Pour vous, Pie IX est une énigme. Pour nous, rien de plus simple. Pie IX est le vicaire de Jésus-Christ, et Pie IX a mis sa confiance et sa force en Jésus-Christ, et en Jésus-Christ seul. Ce roi-là en vaut bien d'autres.

S'il est donc vrai que le plus grand siècle soit celui où l'empire de Jésus-Christ apparaît dans sa plus grande force et dans son plus vif éclat, je l'affirme, il n'en fut pas de plus grand que le nôtre. Il y a dix-huit siècles et demi, Jésus disait : « Tu es Pierre, et sur cette pierre je bâtirai mon Église. » Jamais cette parole ne reçut un accomplissement aussi littéral. Jamais l'Église ne reposa plus uniquement sur Pierre. Où sont les peuples, où sont les rois qui aujourd'hui veuillent où puissent la soutenir? Jésus avait ajouté : « Et les portes de l'enfer ne prévaudront pas. » Jamais les portes infernales ne s'étaient ouvertes aussi larges contre l'Église et surtout contre Pierre. On dirait que cette fois tous les feux de l'empire souterrain se sont élancés ensemble pour faire sauter le roc sur lequel repose l'édifice sacré. Au début de l'époque, ce sont coup sur coup deux pontifes, Pie VI, puis Pie VII, dont le trône volait en éclats; aujourd'hui, c'est

Pie IX dont le siége, comme le soleil, ne repose sur rien, si ce n'est sur lui-même ; tandis que sur Pie IX et sur lui seul repose l'Église entière. Oui, elle effacera toutes les autres, cette époque qui, s'ouvrant par la déclaration des droits de l'homme, se fermera sous peu par la solennelle déclaration des droits de Dieu ; elle sera grande, cette ère que nous appelons l'ère de la révolution, et qui ne sera connue de nos arrière-neveux que sous le nom doux et radieux de SIÈCLE DE PIE IX !

LES OUBLIS.

Nous avons signalé sept grandes époques, sept seulement, et nous avons eu, ce semble, la prétention d'y renfermer tout ce que l'histoire offre de plus grand. Mais que d'oublis !

Et d'abord de quel droit ouvrons-nous les annales du genre humain trois mille cinq cents ans après sa naissance ? Et encore on suppose ici la chronologie la plus courte. Ne dirait-on pas que, avant le vainqueur de Marathon, Miltiade, il ne parut pas au monde un seul homme qui mérite d'être nommé ?

Or, sans jeu de mots, le premier homme du monde, dans les deux sens, par l'origine comme par la grandeur intellectuelle et morale et par l'importance de la mission, ce fut Adam. Père et chef de l'humanité, le premier homme avait reçu, avec un génie et un caractère supérieur, toute la science nécessaire au bonheur et à la perfection humaine.

Serions-nous donc en décadence ? Cela se peut, et l'on m'objectera que c'est Adam lui-même qui en ouvre l'ère fatale. Mais n'ayons pas deux poids et deux mesures. Nous avons réclamé des abîmes pour faire ressortir les montagnes. Quel abîme plus profond que celui qui résulte de la chute originelle! De quelle hauteur Adam n'est-il pas tombé? Aussi à quelle hauteur n'a-t-il pas été relevé par la promesse d'un Sauveur! Et si l'on réclame la prééminence pour le siècle qui a proclamé la Conception Immaculée de Marie, le siècle du premier homme n'avait-il pas des droits à disputer la palme? Car c'est alors que, pour la première fois, il fut dit qu'une femme écraserait la tête du serpent : *Et ipsa conteret caput tuum.*

Caïn et Abel rappellent le premier assassinat, la première mort et la première ville bâtie : voilà de grands faits qu'on ne peut omettre. On exalte l'industrie et les beaux-arts. L'honneur revient toujours à l'inventeur. Tubalcaïn, qui le premier s'avisa de manier les métaux; Jubal, qui le premier fabriqua les instruments de musique; Jabel, qui créa l'art pastoral et qui le premier imagina les tentes pour se loger; Enos enfin qui le premier rendit à Dieu un culte solennel : en un mot les premiers auteurs de la civilisation appartiennent à une période que nous avons tout à fait oubliée.

Passez au déluge, me dit-on. J'y arrive avec ces hommes puissants et fameux — dont on ne peut, il est vrai, nommer un seul. Mais hélas! il en sera tout autant de certains hommes du temps présent qui se croient, eux aussi, puissants et fameux e qui passent pour tels. Quand le flot du déluge révo lutionnaire aura couvert ces montagnes, on ne parlera plus que de l'arche et de Noé, c'est-à-dire de l'Église et de Pie IX. Mais le déluge à lui seul vaut la révolution, même de 89! et l'arche de Noé méritait une mention.

Laissons, si vous le voulez, Babel et sa tour. Et cependant là est le berceau des nations, des langues; là s'éleva le monument de l'orgueil humain et de la confusion de ses pensées. Mais, au lieu de nous arrêter à Babel et à la confusion des langues, trop fidèle image de la confusion des idées, essayons plutôt d'en sortir, et avançons.

Babel rappelle Babylone, celle-ci rappelle Ninive, sa rivale et sa voisine. Nemrod, le premier roi, le fondateur de Babylone, et Assur, fondateur de Ninive, la grande Sémiramis et Nabuchodonosor le Grand, et, pour le contraste, Sardanapale et Balthazar, exigeaient du moins quelques mots. Quels noms! Quels événements ne rappellent-ils pas! La fondation des premiers empires et leur chute, la captivité du peuple de Dieu... Mais j'anticipe. Écoutez d'abord un mourant de ces époques oubliées :

« Avant moi nul guerrier du pays où je règne

« n'avait vu de mer, j'en ai vu quatre. J'ai contraint
« les fleuves de couler où je voulais, et je ne l'ai
« voulu qu'aux lieux où ils pouvaient être utiles.
« J'ai fécondé des terres stériles, j'ai élevé des for-
« teresses inexpugnables; j'ai percé avec le fer, à
« travers d'impraticables rochers, de larges che-
« mins; mes chariots ont couru là où les bêtes
« féroces ne pouvaient marcher. Au milieu de tous
« ces travaux, j'ai trouvé du temps pour mes
« plaisirs et mes amis. »

Qui parle ainsi? Quelque souverain du dix-neuvième siècle apparemment? Eh bien! non : vous
n'en êtes encore qu'à Sémiramis.

Passons sur l'Inde avec ses épopées, sur l'Egypte
avec ses pyramides, son lac Mœris, son labyrinthe,
sa Thèbes aux cent portes, sa législation, son
immortel Sésostris.

Or pendant que Sésostris s'élance de l'Egypte
jusqu'à l'Inde et peut-être jusqu'en Chine, Moïse,
le grand Moïse, sorti, lui aussi, de l'Egypte, après
avoir délivré la famille des Abraham, des Isaac et
des Jacob par des merveilles qui, je crois, suffisent
pour éterniser une époque, Moïse recevait la loi du
Sinaï et formait dans le désert le peuple qui devait
régénérer le monde. Puis, pour lui donner la Terre
promise, Josué arrêtait le Jourdain et le soleil.
Quelle période, surtout si l'on se rappelle qu'au

même temps les civilisateurs de la Grèce comme
cent leur œuvre ! C'était l'époque des Cécrops
des Cadmus.

Tout n'est pas fable dans les exploits des Her
cule et des Thésée , contemporains de Samson
tout n'est pas pure poésie dans les exploits d'un
Achille et dans les aventures d'un Ulysse. Homère
lui-même vaut tout un siècle ; et Homère, proba-
blement , correspond au règne de David, prophèt
et roi, et aux magnificences de Salomon. Ces nom
et ces temps valent ceux d'un Périclès et d'un Au
guste.

Il fallait au moins signaler Lycurgue, Romul
et Numa.

Mais revenons au siècle de Nabuchodonosor et d
Cyrus. Quels noms , quels faits entre ces de
grands personnages ! La prise de Jérusalem par l
premier, la prise de Babylone par le second ; le
grandes prophéties, Isaïe, qui précède, puis Jéré
mie, Ézéchiel, Daniel. Au même temps, avec Solo
et les sept sages en Grèce et en Asie, avec Pyth
gore en Italie , commence la haute philosophie. N
pères les Gaulois , sous la conduite de Bellovèse e
de Sigovèse, font la conquête de l'Europe presque
entière. Il n'est pas jusqu'à la Chine qui alors ne
se signale par son incomparable Confucius.

Mais non. La grande histoire commence à Marathon. On dirait qu'avant l'ère chrétienne, il n'y eût au monde que des Grecs et des Latins. Et encore!... La triple lutte entre Carthage et Rome, entre l'or et le fer, entre le peuple marchand et le peuple laboureur, méritait d'être célébrée. N'y avait-il donc rien à dire sur les Régulus, les Marcellus, les Fabius, les Asdrubal, les Amilcar, et enfin sur Annibal et sur les Scipions ?

On m'objectera que je réclame un cours d'histoire universelle. Eh non! C'est simplement une course au clocher; et je ne fais en ce moment qu'indiquer les sommets oubliés. Sur les quarante siècles qui précèdent Jésus-Christ, un seul a été signalé, car celui d'Auguste appartient déjà à l'ère chrétienne. A partir de Jésus-Christ, sur dix-neuf siècles on n'a étudié que sept ou huit cents ans. On laisse d'abord les Antonins; Trajan par exemple, et la lutte héroïque des martyrs. Clovis, Mahomet, saint Benoît, saint Grégoire le Grand, Pélage et Charles Martel, n'ont pas même attiré notre attention! Autour d'eux, direz-vous, ce n'est que barbarie! —Quand ce serait!... Ces hommes, personnellement, n'en sont que plus grands.

Mais on ne veut pas qu'un grand nom suffise pour constituer un grand siècle, et c'est pour cela sans doute qu'on n'a pas eu un souvenir pour la période qui court de 750 à 850. Il ne s'y rencontre que deux noms : deux noms, il est vrai, qui remplissent le monde, l'un l'Occident, l'autre l'Orient; deux noms qui marquent l'apogée, l'un de la monarchie chrétienne, l'autre de la monarchie musulmane : Charlemagne et Haroun-al-Raschid.

Les Normands, leur invasion, leur conversion, Alfred le Grand en Angleterre, Robert le Fort en France, la défense héroïque de Paris par le vaillant comte d'Eudes et par l'intrépide évêque Goslin, Abdérame le Grand, calife de Cordoue, Othon le Grand, Hugues-Capet, ne pouvaient pas être nommés : ces siècles sont si barbares ! C'est encore trop d'honneur, pour les âges de foi, que sur dix siècles on ait osé en célébrer deux.

Enfin il ne reste que dix siècles ; et on a eu le talent de les abréger. On aura voulu choisir les plus fameux, mais tous sont grands. Ainsi, de la mort de saint Louis à la découverte du Nouveau Monde, de 1270 à 1493, s'étend une période aussi brillante, pour le moins, que celle qui précède et que celle qui suit.

Quelle grandeur dans l'invincible fermeté d'un Boniface VIII ! Quelle triste solennité dans le trépas de Jacques Molay ! Le Dante a été réclamé pour le treizième siècle; on pouvait le laisser à sa place. Il y est grand, mais il ne s'y trouve pas le seul. La lutte entre la France et l'Angleterre multiplie les

héros. Charles V est justement appelé le Sage. Du
Guesclin a peu d'égaux dans notre histoire; je doute
qu'il ait des supérieurs. Et Jeanne d'Arc! comment
a-t-on pu n'en rien dire ? D'ailleurs au même temps
où l'Occident voit passer de si étonnants personnages, l'Orient s'émeut à la vue du choc terrible
qui s'engage entre Tamerlan et Bajazet; et si l'on
désire une clôture à cette époque, en peut-on con-
cevoir une plus solennelle que la chute de l'empire
de Constantinople ? Où trouver un spectacle plus
grandiose que celui qui vous est offert par le redoutable Mahomet II triomphant d'un héros à Constantinople, mais arrêté par les Hunyade, les Scan-
derbeg, les Mathias Corvin et les d'Aubusson !

Il est vrai qu'à cette époque correspond le grand
schisme d'Occident. Mais quand on se plaît à redire
que la lutte est la condition de la grandeur, il faut
l'accepter partout où elle se rencontre.

Le siècle de la Renaissance, dans l'étude qui en
a été faite, a tellement été prolongé que, entre
cette époque et celle de Louis XIV, il ne reste que
Richelieu et la guerre de Trente ans. Et même
Richelieu a été jugé. La place manque donc aux
réclamations.

Ici s'arrête la liste des oublis. Peut-être me re-
prochera-t-on que j'oublie encore un siècle fameux,
le siècle de Voltaire. Hélas ! que ne m'est-il donné

de le vouer à un éternel oubli , ce siècle où toute chair avait corrompu ses voies et où un déluge d'impiété préparait ce déluge de sang qui a couvert la France et l'Europe ! Le siècle de Voltaire est le siècle de la Régence et de Louis XV , le siècle des désastres de la France, de l'Espagne, de l'Autriche, en un mot de toutes les puissances catholiques ; c'est le siècle des triomphes de l'Angleterre , de la Prusse, de la Russie, en un mot de toutes les puissances hérétiques ou schismatiques ; c'est le siècle du démembrement de la Pologne et de bien d'autres iniquités qui demandaient et commandaient le cataclysme de 89.

Tels sont, en résumé , les oublis qui nous sont reprochés. Nous essaierons de nous justifier. Il est un autre grief qui réclame également une réponse. Chacune des époques dont nous avons tour à tour célébré la grandeur a été présentée comme le *nec plus ultra* de l'humanité. Dans un coup d'œil d'ensemble, nous nous efforcerons d'assigner à chaque période le rang qui lui convient et de corriger ainsi ce que nos éloges ont pu offrir d'excessif. Cette double justification sera l'objet d'une étude qui donnera la conclusion et la solution du problème.

CONCLUSION.

Nul ne songe à contester la grandeur des personnages oubliés dans l'examen des plus grands siècles.

Mais, pour ce qui concerne d'abord les grands hommes de l'Ancien Testament, leur action immédiate se borne tantôt à un petit nombre d'hommes, à une seule famille : tels Adam, Noé, Abraham ; tantôt à un seul peuple dont l'influence ne s'étendra sur le monde entier que par Jésus-Christ et par son Église : tels Moïse, David, Salomon, les Prophètes.

Les gigantesques empires de Sémiramis, de Nabuchodonosor, de Cyrus ne sont que l'escabeau de celui d'Alexandre ; et alors seulement l'idée de l'*Iliade* et de l'*Odyssée* d'Homère se trouve réalisée : le grand poëte n'a donc pas été oublié.

La sagesse et la puissance humaine, la science et l'art, la législation, la politique et la guerre n'atteignent leur apogée que dans la période qui s'écoule entre Miltiade et Alexandre. Mais à cet instant solennel on voit ensemble tous les genres de grandeur. Un seul manque, le principal, l'élément religieux. Aussi cette époque sera dépassée par les grands siècles qui suivront.

Annibal est aussi grand que César. Les Scipions, soit le premier, soit le second, ne sont inférieurs à ces deux hommes ni par le génie, ni par le caractère. L'un et l'autre leur sont supérieurs par la vertu, j'entends la vertu naturelle, la vertu romaine, dont ils offrent le type le plus accompli. Mais Rome alors n'est pas encore la maîtresse du monde , son influence est bornée. Rome alors ne brille que par la guerre. Le côté intellectuel est encore dans l'ombre. Elle ne pourra rivaliser avec la Grèce d'Alexandre que par son César. Ses orateurs, ses poëtes, ses historiens n'arrivent à la perfection qu'à l'époque de ce même César et d'Auguste.

Même à cet instant Rome reste inférieure à la Grèce sous le rapport artistique, littéraire et philosophique. Elle n'a pas d'artistes, pas de Phidias, pas d'Apelles. Ses poëtes, ses historiens, ses orateurs ne l'emportent pas sur ceux des Grecs. Son philosophe, Cicéron, n'est qu'un interprète intelligent des philosophes de la Grèce. Ses guerriers même ne dépassent ni ceux d'Athènes, ni ceux de Sparte, ni ceux d'Alexandre.

Rome païenne n'efface la Grèce que par la constance de sa politique, et par le talent qu'elle a eu de s'assimiler les peuples conquis en leur imposant sa loi et son droit. Le poëte romain l'a reconnu en présence d'Auguste même :

Excudent alii spirantia mollius æra :
Credo equidem, vivos ducent de marmore vultus :
Orabunt causas melius : cœlique meatus

Describent radio, et surgentia sidera dicent.
Tu regere imperio populo, Romane, memento
(Hæ tibi erunt artes) pacisque imponere morem,
Parcere subjectis et debellare superbos.

Énéide, VI. 867.

Le droit romain, épuré par le christianisme, deviendra le code de la chrétienté. A ce point de vue, Rome gouverne encore le monde civilisé, de même que, sous le rapport philosophique, la Grèce gouverne encore les intelligences par son Platon et son Aristote, épurés, eux aussi, le premier par l'Aigle d'Hippone, le second par l'Ange de l'école.

Mais ce qui assure au siècle d'Auguste et à Rome elle-même la prééminence sur le temps et sur le pays d'Alexandre, c'est le grand fait de cette époque, c'est l'avénement du Sauveur, l'Incarnation du Verbe, la naissance, la passion, la mort et la résurrection de Jésus-Christ ; c'est l'établissement de l'Église, et Rome devenant, par le martyre de saint Pierre, le siége de celui qui représente le Roi de tous les siècles et de tous les peuples, la capitale religieuse du monde, la Ville éternelle.

Cependant ce ne sera qu'après trois siècles de lutte entre les Césars et les martyrs que l'action de Jésus-Christ et de son Église deviendra universelle et triomphante. Non, l'ère des martyrs n'a pas été oubliée. Quand nous avons célébré le siècle de Constantin, nous chantions la victoire des martyrs. Si nous avons passé sous silence Trajan et Marc-Aurèle, c'est que, au point de vue politique et militaire, ils n'ont guère fait que maintenir l'empire au *statu quo* de sa gloire. Seule la période de Constantin à Léon le Grand s'offre avec un caractère nouveau. Alors on voit le triomphe de la croix sur la civilisation païenne qui expire dans la personne du César sophiste Julien ; le triomphe de la majesté chrétienne sur la force barbare qui avec Attila recule devant Léon le Grand ; le triomphe de la foi qui, s'emparant du génie humain, l'élève dans les régions de la science, au-dessus des Platon et des Aristote, dans celles de l'art au-dessus des Démosthène et des Cicéron, puis de cette hauteur foudroie toutes les audaces et tous les artifices du sophisme et de l'hérésie.

Au siècle des Athanase et des Léon le Grand l'Église a triomphé, Jésus-Christ a vaincu, *Christus vincit* : il ne règne pas encore. La formule ne sera complète que sous Charlemagne. Alors seulement il sera permis de dire que, par cet homme fort et grand, Jésus-Christ triomphe, Jésus-Christ règne, Jésus-Christ commande : *Christus vincit, Christus regnat, Christus imperat*.

Que Charlemagne efface tous les rois qui l'ont précédé et que pas un de ceux qui ont paru depuis n'atteigne sa hauteur pas même saint Louis, pas même Louis XIV, on peut l'accorder. Mais Charles est le seul grand homme de son temps. Haroun-al-Raschid ne saurait lui tenir compagnie. Il n'en est que plus grand, direz-vous ? Je le veux. Aussi posez la question en ces termes : Quel est le plus grand homme? L'oubli de Charlemagne est inexplicable. Mais le problème est celui-ci : Quel est le plus grand siècle? Or, à cette époque, tout est encore à refaire, tout est à créer. La civilisation corrompue de l'empire, l'invasion barbare, les conquêtes de Mahomet et du Coran se sont coalisées sous l'influence infernale pour étouffer l'Évangile et pour abolir l'Église. Ce n'est pas trop d'un grand moine, saint Benoît, d'un grand Pape, saint Grégoire, et enfin d'un grand roi, Charlemagne, pour poser sur les débris du passé les assises d'une société nouvelle qui sera la société chrétienne.

Mais pour voir un siècle qui égale les grandes époques précédentes, attendez que les sciences, les arts, les langues même, aient eu le temps de ressusciter. Les invasions d'ailleurs ne sont pas terminées. Voici que les Normands demandent, non sans quelque violence, à entrer dans le mouvement. Laissez-les venir, laissez-les se poser. Ne redoutez rien pour le progrès. S'ils l'arrêtent un instant, ce n'est que pour lui imprimer bientôt un élan nouveau. Vous les retrouverez, devenus Français, à Rome pour y délivrer le Vicaire de Jésus-Christ, à Jérusalem pour y délivrer le tombeau de Jésus-Christ; en Angleterre, où, à leur appel, Lanfranc et saint Anselme, sortis de la Normandie française, donnent le branle au mouvement sublime de la philosophie et de la théologie qui couronne le moyen âge.

Quelle période que celle où se rencontrent simultanément les deux plus grandes luttes qui se soient jamais engagées sur la terre, soutenues de part et d'autre par des hommes comme il s'en trouve rarement !

Lutte entre le sacerdoce et l'Empire, entre l'Église et la politique, entre l'indépendance et la liberté chrétienne d'une part et le despotisme humain d'autre part. Jamais, ni avant ni après, on ne vit se succéder aussi rapidement tant et de si puissants rois contre l'Église, jamais non plus tant et de si grands Papes, auxquels il faut ajouter et les grands Évêques qui se remplacent sur le siége de Cantorbéry, et les grands et saints rois qui élèvent si haut la gloire du trône très-chrétien de France et du trône catholique d'Espagne.

Lutte contre la barbarie plus ou moins civilisée de Mahomet : Mahomet le plus redoutable adversaire que l'enfer ait jusqu'ici soulevé contre le christianisme et contre l'humanité même, et dont l'apparition toutefois ne pouvait pas déterminer un grand siècle. Car ce fut plus tard seulement que cette terrible puissance parut dans tout son éclat, et ce fut surtout au temps des croisades. Alors, apparaissent les plus formidables sultans. Qu'on se rappelle seulement Saladin. Inutile de redire les noms des héros des croisades. On dirait que la race en est épuisée. On n'en voit plus de cette taille. Alors l'intérêt est universel. Le mouvement est partout. La chrétienté tout entière s'est rangée en bataille contre l'invasion orientale. La France,

l'Angleterre, l'Allemagne, l'Italie se sont croisées;
l'Espagne poursuit la lutte avec un héroïsme toujours croissant ; la Pologne et la Hongrie sont le
boulevard de l'Europe chrétienne contre les successeurs de Genghiskan.

Il faut bien rappeler encore les Ordres religieux
se multipliant, ici pour la défense armée des chrétiens, là pour la délivrance des captifs, plus loin
pour l'instruction et pour la sanctification des âmes.

Alors, enfin, le génie de la science, et de la plus
haute des sciences dans l'ordre naturel, le génie
de la philosophie, le génie de la science surnaturelle,
de la théologie, s'élève à son *nec plus ultra* dans
la *Somme* de l'Ange de l'École. Pour trouver à qui
le comparer, il faut reculer jusqu'au grand Augustin,
ou attendre l'apparition de Bossuet, supérieur par
le style, mais inférieur comme théologien et comme
philosophe.

Les arts, comme on l'a dit, se résument tous, à
cette époque, dans celui qui les comprend tous et
qui les dépasse, dans l'architecture dont les monuments sont encore là, debout, défiant le xix⁰ siècle
qui s'estime trop heureux quand il parvient à res-
taurer ou à copier imparfaitement quelqu'une de
ces merveilles.

Enfin, si les xii⁰ et xiii⁰ siècle offrent les types
du héros dans les chefs des croisades, ils présen-
tent aussi l'idéal du grand Pape dans saint Grégoire VII et du roi très-chrétien dans saint Louis.
Charlemagne est plus grand comme roi ; mais

comme particulier il ne fut pas toujours sans reproche. Louis IX, et comme roi et comme particulier,
est le saint. Comme roi, il est le plus sage des
législateurs ; comme guerrier, il est le plus intrépide et le plus fier des héros ; mais dans les fers
et sous le coup du malheur, il est le croisé par excellence, il rappelle Jésus en croix.

Quoi qu'on ait pu dire en recherchant nos oublis,
il faut convenir que de saint Louis à Isabelle il y
a un temps d'arrêt, il y a même décadence, et une
décadence que la *Divine Comédie* de Dante peut
bien constater mais non relever. Boniface est le
seul pape qui, durant cette période, se montre avec
le cachet de la grandeur.

Jeanne d'Arc est un prodige. Il fallut ce miracle
pour sauver le royaume très-chrétien, tant les
grands hommes, depuis du Guesclin, étaient devenus rares ! Tamerlan n'est qu'une contrefaçon de
Genghiskan. Mahomet II appartient déjà à la Renaissance sur laquelle il influe à la manière des barbares, c'est-à-dire en refoulant sur l'Occident ce
qui restait de civilisation en Orient.

L'époque de Léon X fut donc, relativement au
siècle qui la précède, une réelle renaissance. Qu'il
est beau, l'élan de l'Église et des peuples chrétiens
franchissant alors, dans toutes les sphères, les li-
mites de tous les horizons connus, pour étendre
partout et dans tous les sens l'empire de Jésus-
Christ !

Non, quoi qu'aient pu dire certains esprits chagrins , la Renaissance ne fut pas anti-chrétienne , elle ne fut point païenne , elle ne fut pas une rupture violente avec les âges de foi. La rupture , ce fut Philippe-le-Bel qui l'essaya ; la rupture , ce fut le grand schisme d'Occident qui faillit l'opérer ; la rupture , ce furent certains scolastiques dégénérés du xive siècle et les hérétiques du xve qui la poursuivirent, mais en vain. La Renaissance fut catholique, car elle ne fut ni allemande, ni anglaise ; elle fut italienne , espagnole , française et surtout romaine. L'Allemagne et l'Angleterre ne savent alors que *protester*. Elles ne sont pour rien dans la renaissance des arts. Où sont les monuments de la peinture, de la sculpture, de l'architecture , de la musique ou de la poésie protestante ? A l'éloquence frénétique de Luther , à l'élégance forcée du latin de Calvin , les catholiques contemporains ont cent orateurs, cent latinistes supérieurs à opposer.

Avouons, cependant, que si les *enfants* du seizième siècle sont plus gracieux, plus polis, comme il convient à une renaissance , les *hommes* du treizième, plus rudes, il est vrai, sont aussi plus solides, plus généreux, plus héroïques et plus grands. — Il y a, entre le seizième et le treizième, une différence analogue à celle qui sépare l'élégant et le sublime.

Tout, d'ailleurs, à cette époque , si l'on excepte Michel-Ange et Raphaël, tout, dans les arts, est vague. Langue, style, poésie, philosophie, politique, tout se forme : car deux siècles de chaos ont suffi pour tout brouiller. C'est l'adolescent qui grandit. Attendez qu'il ait atteint sa taille : vous aurez Louis XIV avec ses guerriers, ses ministres, ses philosophes, ses poëtes, ses orateurs, ses artistes, son Bossuet surtout, génie complet, de même que l'Allemand Leibnitz sera le plus universel qui ait paru depuis Aristote.

Louis XIV cependant n'est pas saint Louis. Pas un des Papes de ce temps n'approche des Grégoire VII ou des Innocent III. Si la théologie de Bossuet, si la philosophie de Leibnitz, ou plutôt si la théologie et la philosophie de l'un et de l'autre (car Bossuet fut philosophe en passant, et Leibnitz a esquissé un plan de théologie) si, dis-je, leur théologie et leur philosophie se rattachent, par leurs traits principaux, à la théologie et à la philosophie de l'Ange de l'Ecole, elles n'en ont ni la solidité, ni la plénitude, ni l'élévation. Corneille n'est pas le Dante. La France s'allie avec les protestants; elle ne combat plus les Turcs. L'abaissement excessif de la noblesse féodale, commencé par Louis XI, consommé par Richelieu, donne au roi un pouvoir absolu, mais il l'amène en face du peuple et prépare ces oscillations redoutables qui, faute d'une force mitoyenne entre l'élément démocratique et l'élément monarchique, deviendront bientôt la condition habituelle des rois et des peuples, se renversant et se relevant tour à tour sans qu'il soit possible de prévoir le temps où l'équilibre se fera.

Après Louis XIV un Louis XV, après Bossuet un

Voltaire, après le grand siècle un abîme. Prêtres et rois, Église et nation, tout sombre dans une mer de sang. Si, comme on l'a dit, la hauteur de la cime répond à la profondeur de la vallée, quel avenir ne promet pas le début de notre siècle ! Mais, sortis à peine du gouffre où se sont englouties toutes les grandeurs et toutes les libertés, luttant encore contre les flots de la tempête, s'il nous est permis de compter sur le triomphe, avouons que l'heure n'est pas venue de le chanter. Jusqu'ici les hommes d'un génie et d'un caractère supérieur sont rares ; le talent est plus commun.

Les observations en physique et les expériences se multiplient. Mais où est la science ? Nos savants se plaisent eux-mêmes à redire qu'ils se bornent à constater les faits. Soit : attendons encore un Képler et un Newton. Où sont, dans les arts, les Michel-Ange et les Raphaël ? Où sont les architectes des églises, des châteaux et des hôtels-Dieu du moyen âge ? Les gares et les théâtres ont remplacé tout cela. On dit que nos arrière-neveux chercheront encore l'idéal de l'éloquence dans Démosthène, dans Cicéron, dans Chrysostome, dans Bourdaloue et dans Bossuet, et que nos orateurs les plus vantés ont tellement pris, pour la forme et pour le fond, le cachet de l'époque présente, qu'ils ne pourront pas servir de type universel. On se montre plus sévère encore à l'égard de nos poëtes, et l'on pense que l'ingratitude des contemporains à leur égard sera surpassée par celle de nos successeurs. Nos histoires les plus célèbres sont à refaire, dit-on.

Nos théologiens les plus profonds s'estiment heureux quand ils peuvent obtenir de leurs disciples l'intelligence des questions qui, dans la *Somme* de saint Thomas, figurent parmi les éléments!

La philosophie attend la liberté pour se dégager d'un programme qui la réduit à n'être qu'une simple histoire des opinions vraies ou fausses énoncées jusqu'ici, ou qui en fait une série aussi stérile que fastidieuse d'expériences et d'observations.

Enfin chacun pense et dit que, pour se relever, les études attendent qu'on ait supprimé l'obligation de savoir tout à dix-huit ans.

L'art militaire se réduit à un problème de chimie et de mécanique. La victoire appartient à celui qui aura découvert la poudre la plus fulminante et les instruments les plus rapides. La force, l'adresse, la valeur personnelle tendent chaque jour à disparaître.

Où est donc la grandeur de notre époque? L'ordre moral compenserait-il le déficit intellectuel? Hélas! on le sait, le niveau moral baisse de plus en plus. La probité, la bonne foi, l'honneur ne sont plus que des mots dans le commerce, et en politique Machiavel ne fut qu'un modeste novice.

Et cependant il se prépare quelque chose de grand. Deux camps se dessinent, deux drapeaux s'agitent; peu à peu les hommes se déclarent. Un choc immense s'apprête, et la France, toujours, quoi qu'on dise, fille aînée de l'Église, y doit jouer son rôle. Quelle que soit la multiplicité apparente des partis, deux seulement sont en présence : l'Église et la Révolution. La Révolution a dit : 89 c'est la France ; l'Église a dit : La France, c'est saint Louis. La guerre est entre les prétendus droits de l'homme et les droits de Dieu. Il s'agit de savoir qui doit régner sur terre, Dieu ou l'homme, Jésus-Christ représenté par son Vicaire, par le Pape, ou Lucifer représenté par Voltaire, Robespierre et d'autres fils trop légitimes et trop conséquents de 89.

Déjà l'éclair a brillé ; Rome a parlé. Toutes les portes de l'enfer en ont été ébranlées. Encore un peu, et ces hommes à double face qui ont deux grains d'encens, un pour l'Église et l'autre pour la Révolution, seront forcés de choisir et de laisser le champ libre pour le combat. Alors le triomphe de la vérité sur l'erreur, de la lumière sur la nuit, sera aussi prompt que certain, et l'on verra ce qui jamais encore ne s'est vu dans le monde.

Empruntant à l'Égypte tout ce qu'elle possède de précieux, tous les résultats de ses travaux, de son industrie, de ses inventions, le génie catholique étonnera les siècles par l'unité du temple nouveau qu'il saura élever à Dieu, par l'accord de toutes les sciences et par l'union de tous les arts enfin transformés.

Et le concert des sciences et des arts ne sera qu'une image de l'harmonie des esprits et des cœurs réunis sous la parole infaillible du roi des âmes , du Vicaire de Jésus-Christ.

Élancez-vous donc sur vos routes de fer, élancez-vous sur les flots de la tempête, chars et navires de feu : les apôtres, les envoyés du Roi des peuples vous attendent pour parcourir la terre, et pour annoncer une dernière fois dans toutes les langues la bonne, la grande nouvelle. Il faut qu'avant son retour solennel sur les nues, Jésus-Christ triomphe ici-bas par son Église ; il faut que la prédiction du prophète s'accomplisse : Toute nation tout royaume qui refusera de te servir périra : *Gens et regnum quod non servierit tibi, peribit.*

Déjà les peuples infidèles, les peuples hérétiques, les peuples schismatiques, les peuples sans religion, se heurtent les uns contre les autres, et vont se briser les uns par les autres. Les nations opprimées, les nations partagées, les nations catholiques reprendront leur existence et leur place, et leur place est au premier rang.

Le commencement de cette époque, la date à jamais fameuse de 89, fut le signal d'un triomphe sanglant de l'enfer sur l'Église. Le dénouement sera le triomphe pacifique, le triomphe intellectuel de l'Église sur l'idée et sur la liberté infernale. Cette époque se fermera par une date, et à cette date s'attachera un nom, le nom contre lequel frémissent toutes les colères de la révolution, le nom de Pie IX.

FIN.